Kamil
Durczok
wygrać życie

Kamil
Durczok
wygrać życie

rozmowy przeprowadził
Piotr Mucharski

Wydawnictwo Znak · Kraków 2005

Projekt okładki
Olgierd Chmielewski

Fotografia na 1. i 4. str. okładki
Daniel Malak

Opieka redakcyjna
Magdalena Sanetra

Korekta
Urszula Horecka
Barbara Gąsiorowska

Opracowanie typograficzne i łamanie
Irena Jagocha

 Zamówienia: Dział Handlowy, 30-105 Kraków, ul. Kościuszki 37
Bezpłatna infolinia: 0800-130-082
Zapraszamy do naszej księgarni internetowej: www.znak.com.pl

Marcinowi Pawłowskiemu

Do końca życia będę pamiętał moment, kiedy nad ranem, po ostatniej chemii, do mojego pokoju weszła pielęgniarka. Wyciągnęła mi wenflon i odłączyła Hansa. Była 5.12. Będę zawsze pamiętał całą sekwencję jej ruchu, wyciągania igły z tego, dokładnie z tego miejsca. To już było jedyne miejsce, w które się można było wkłuć. Paskudne zresztą, bo nie można położyć ręki w naturalny sposób. Pielęgniarka miała srebrną miskę, do której wrzucała wszystkie zużyte sprzęty: wenflony, worki z chemią, ligninę... O 5.12 w maju było cieplutko, siąpił lekki, wiosenny deszcz, było zielono. Podobno, kiedy ludzie umierają, to im się przed oczami cały film z życia wyświetla. Mnie się wtedy nie wyświetlił film z całego życia, tylko film z całego pobytu w tym szpitalu. Śmieszne uczucie, dość melodramatyczne... Od czwartej czekałem przebrany, założyłem dżinsy, jak tylko zobaczyłem, że ostatni worek z chemią zaczyna się kończyć. Przypomniałem sobie pierwszą wizytę w Wigilię i śnieg, który mnie tak strasznie denerwował. Za oknem przeleciały dwie pory roku – jak w tanim filmie, żeby widz wiedział, że czas upłynął. Miałem spakowaną torbę, zeskoczyłem z łóżka, odepchnąłem Hansa, otworzyłem drzwi, przeszedłem krótki korytarzyk i powiedziałem: – Siostro, jadę. Ona tylko wrzasnęła: – A pan dokąd? Więc mówię: – Do domu, bo wszystko się skończyło.

Pamiętasz słowa o swojej chorobie, które wypowiedziałeś pamiętnego wieczoru w „Wiadomościach"?

Dokładnie ich nie powtórzę. Poprosiłem zresztą, żeby zostały wykasowane z archiwum. Wszystkie materiały z „Wiadomości" są przechowywane w pamięci komputera. Wydawało mi się jednak, że ten jest zbyt osobisty.

Pamiętam też, że wersja, którą napisałem wcześniej, różniła się od wygłoszonej. W tekście było napisane: „mam nadzieję". Poprawiłem na: „mocno wierzę".

Zmagałeś się z tym tekstem?

Miałem skonstruować cztery zdania – najtrudniejsze ze wszystkich, jakie wypowiedziałem w swoim życiu. Po pierwsze, musiałem wziąć pod uwagę moich najbliższych – mieli świadomość, że toczę walkę na śmierć i życie, ale codziennie byli narażeni na idiotyczne pytania. Choćby o to, dlaczego jestem łysy. Czy się z kimś założyłem, czy przegrałem zakład? Więc z jednej strony przeżywali dramat własnej bezsilności (bo tak naprawdę to tylko ja mogłem walczyć, a oni mogli mi tylko stworzyć dobre warunki do tej walki), a z drugiej – musieli odpowiadać na pytanie, czy Kamil się założył, że Małysz zostanie mistrzem świata, i przegrał. Dzisiaj to brzmi idiotycznie, ale wtedy naprawdę nas wkurzało.

Po drugie, w Instytucie Onkologii w Gliwicach, gdzie przewijają się codziennie setki osób, wciąż zadawano mi pytanie: – Co pan redaktor tutaj robi? Jakbym był z innej gliny ulepiony i nie mogło mi się przydarzyć to co im. Chciałem odpowiadać: Dopadło mnie to samo co ciebie, bracie; ty się z tym mocujesz i ja się z tym mocuję.

Po trzecie, kiedy już byłem w szpitalu i łaziłem obwieszony butelkami na sznurkach, sączkami, drenami, ludzie zaczęli mnie oglądać jak zjawisko, które może być źródłem nadziei. Musi się panu udać – mówili. Zauważyłem to po raz pierwszy u pewnego starszego pana, który nie chciał być wypisany ze szpitala. Zaczepił mnie kiedyś, nim jeszcze sam zdążyłem wykuśtykać na korytarz. – Jak się pan czuje? – zapytał. – Dobrze się czuję – odparłem. Na co ów starszy pan: – Tak, tak, panu to się uda, ja nie mam szans. To był pierwszy sygnał, że z nim dzieje się coś niedobrego. Po trzech tygodniach nie chciał wyjść ze szpitala, mimo że się kwalifikował do wypisania. Potem – może już byłem uczulony – spotykałem coraz więcej zupełnie zrezygnowanych ludzi. Głównie rozmawiali między sobą o tym, że im się nie uda, kto ma mniej szans – ten lepszy, co komu obcięli i jak niewiele życia przed sobą mają.

Licytacja w nieszczęściu?

Koszmar. Komu pierś odjęli, komu rękę odrąbią, bo go strzyka, więc pewnie ma przerzuty – jakby każdy chciał udowodnić innym, że przoduje w cierpieniu i beznadziei. Na mnie były zwrócone ich oczy, więc tym bardziej nie chciałem się poddać czy kryć z chorobą. Musiałem grać twardziela, bo nie wypadało inaczej. Kreowałem się więc na dzielnego i widziałem, że trafiam w jakąś potrzebę.

Taka była luka na rynku nieszczęść?

Powiedzmy. Najpierw się wstydziłem, że wygląda to na pychę, która może razić. Ale potem zobaczyłem, że towarzysze niedoli chętnie porzucają tamten język i konwencję cierpienia. Nawet robią to z ulgą. Zaczęły się rozmowy z profesorem Bogusławem Maciejewskim, który zachęcał mnie do szybkiego powrotu do pracy. Na początku przestrzegał przed konsekwencjami publicznego przyznania się do choroby. Głównie chodziło o to, że ktoś może użyć choroby jako argumentu przeciw mnie, będzie miał pretekst, żeby – jak to się potocznie mówi – sczyścić Durczoka. Najwyraźniej profesor nie był zwolennikiem teorii o dobrym z natury człowieku, a może miał już za sobą jakieś doświadczenia ze „sczyszczonymi" pacjentami. Ale szybko przestaliśmy się spierać i problemem stało się nie to, czy przyznać się do choroby, ale w jakiej formie to zrobić. Jakimi słowami o niej powiedzieć.

Nie musiałeś przełamywać bariery wstydu? Choroba jest przecież często czymś wstydliwym.

Zupełnie nie miałem tego poczucia.

A potem, kiedy trafiłeś na pierwsze strony kolorowych pisemek?

Ich komentarze były bzdurne, choć ubrane w troskę. Wiadomo, że jak ktoś chce dać zdjęcie łysego Durczoka na okładkę, to nie robi tego ze szlachetnych pobudek, tylko dla sensacji. Sam zresztą wtedy – po telewizyjnym oświadczeniu – już się nie odzywałem publicznie. Te artykuły – z małymi wyjątkami – były dla mnie w gruncie rzeczy dość śmieszne.

Po bliskich też to spływało?

Nie wszystko. Ton niektórych „współczujących" tekstów był cyniczny: dowiedział się, że umarł, ale jeszcze do niego nie dotarło. Jest facet, ale go już nie ma – coś w tym stylu. Mnie to mogło śmieszyć, ale na pewno nie śmieszyło moich bliskich. Oni przecież balansowali między tym, co wiedzieli ode mnie, tym, na co godziłem się, by profesor im powiedział, i tym, czego się domyślali na podstawie różnych sygnałów. Walka z chorobą odbywa się na wielu frontach i nie dotyczy tylko samego pacjenta, swoją walkę – mniej lub bardziej osobną – prowadzą też najbliżsi. Mają własne słabości, lęki, przerażenie i poczucie bezradności. Przecież wystarczy, że zostaniesz dzień dłużej w szpitalu, a już pojawia się myśl: Pewnie ma przerzuty, tylko nie chce się przyznać. Poza tym jeśli na użytek innych chorych nosisz maskę dziarskiego faceta, to potem – prawem równowagi – odreagowujesz na bliskich swoją dzielność. Miałem takie przykre okresy.

Choroba roszczeniowa?

Mogłem marudzić, mogłem ich wszystkich doprowadzać do łez i tak odreagowywać stres. Czujesz się wtedy rozgrzeszony z rzucania widelcem. Okropność.

Wróćmy do telewizyjnego występu. Postanowiłeś powiedzieć widzom o chorobie.

Jechałem do telewizji z gotowym tekstem. Bałem się, że nie wytrzymam napięcia, głos mi się załamie, a przecież to musiało być oświadczenie faceta, który naprawdę wierzy w to, że wygra. Wątpliwości nie dotyczyły mojego samopoczucia, tylko telewizyjnego doświadczenia. Nie bałbym się łączenia z siedmioma wozami, zwarcia z politykiem, ale tym razem chodziło o wyznanie, jakiego nigdy wcześniej nie wygłaszałem i obym nigdy więcej nie musiał wygłaszać. Poprosiłem więc o wcześniejsze nagranie.

Udało się od pierwszego razu?

Tak. Poprowadziłem „Wiadomości" i po ostatnim materiale wstałem z krzesła i stanąłem przed monitorem w rogu studia. Operatorzy byli zaskoczeni, więc ich uspokoiłem, że końcówka jest już nagrana, ale to ich tylko jeszcze bardziej zaskoczyło. Wtajemniczony był tylko główny operator, pozostałych trzech nic nie wiedziało. No i zobaczyliśmy to oświadczenie.

Pomyślałeś: Dobrze zrobiłem?

Nie tylko pomyślałem, że dobrze zrobiłem, ale jeszcze uśmiechnąłem się sam do siebie z poczuciem, że wywinąłem im dobry numer. Nie wiedziałem tylko, jakim „im" go wywinąłem. Komórkom nowotworowym? Tym, którzy opowiadali bzdury o zakładach? Tym, którzy żyją w przekonaniu, że rak to jest wyrok śmierci? Pewnie wszystkim po trochu. Wróciłem do warszawskiego mieszkania i ten stan swawolnego wewnętrznego uśmiechu trwał we mnie jeszcze ze dwie godziny, a potem poszedłem spać. Zrobiłem coś, czego skutków nawet nie warto próbować przewidywać. Dały o sobie znać pokłady nieodkrytej dotąd przekory wobec losu i tego, co on przynosi.

Kiedy dotarły pierwsze echa?

Jeszcze tego samego wieczoru zadzwoniłem ze stacjonarnego aparatu do mojej żony, ale Marianna nie była w stanie ze mną rozmawiać. Oczywiście wiedziała, co powiem tego wieczoru, ale i tak była zaskoczona i poruszona, więc rechocząc sam z siebie, poprosiłem, żeby się położyła spać, bo wszystko będzie dobrze. Następnego dnia wybrałem się z przyjacielem na targi żeglarskie, gdzie wystawiano jako główną atrakcję łódkę, której jestem matką chrzestną (jak się okazuje, nie ma ojców chrzestnych w żeglarstwie). Nie mogłem niczego zobaczyć, bo nim wszedłem na teren wystawy, zrobiła się mała sensacja – ludzie gromadą okazywali mi solidarność i ciepłe uczucia. Potem włączyłem telefon komórkowy, ale przy pięćdziesiątym SMS-ie zapchała się chyba skrzynka. W każdym razie jeszcze przez trzy dni przychodziły życzenia z datą sobotniego wieczoru. Taka była pierwsza reakcja i poczułem, że mięknę wewnętrznie. Czułem wzruszenie młodego chłopaka, który wchodzi na stadion i spodziewa się oczywiście, że będą tam jacyś widzowie, ale nie sądzi, że trybuny są pełne i wszyscy mu biją brawo. Takie miałem wtedy poczucie. Przybyło mi sił. Po raz pierwszy też pomyślałem, że coś dobrego uruchomiłem i będę jeszcze świadkiem wydarzeń niezwykłych.

Nie było reakcji zawistnych? Zarzutów, że uprawiasz ekshibicjonizm na wizji?

Żadnych negatywnych reakcji, poza pamiętnym tekstem Alicji Resich-Modlińskiej, nie było, ale on dotyczył tylko upodobań estetycznych autorki. Nawet w Internecie, gdzie można spotkać wszystko, nie znalazłem niechętnych komentarzy.

Potem było niedzielne wydanie „Wiadomości". Z jakąś rekordową, dwukrotnie większą widownią.

Było w tym coś poza czczą ciekawością?

Najwyraźniej problem musiał być na tyle ważny, że – ze zdrowej czy niezdrowej ciekawości – ludzie chcieli następnego dnia jeszcze raz to zobaczyć, sądzili, że coś się wydarzy. Wydaje mi się jednak, że przede wszystkim był to dowód, że istnieje poważny problem społeczny, o którym się nie mówi. Okazało się zresztą, że nie byłem pierwszy: Tomasz Raczek napisał w „Wprost" o przypadku prezentera BBC, który pod koniec lat sześćdziesiątych przyznał na antenie, że walczy z chorobą nowotworową.

To pokazuje również, na jakim etapie publicznej dyskusji o nowotworach znajdujemy się w Polsce. Jestem przekonany, że w Stanach Zjednoczonych, gdzie przeważa świadomość, że rak jest chorobą wyleczalną, jeśli się go odpowiednio wcześnie wykryje, takie wystąpienie miałoby znacznie mniejsze znaczenie. Tam dwie trzecie chorych zastaje wyleczonych, u nas jedna trzecia – niekoniecznie dlatego, że nasza medycyna jest na niższym poziomie, lecz dlatego, że Polacy przychodzą do onkologa przeważnie z zaawansowaną już chorobą.

Co było w listach od widzów?

W czwartek zadzwonił do mnie Janusz Wołcz, z którym pracowałem na Woronicza, i mówi: – Mamy problem, bo ruszyła lawina. Workami znoszą dla ciebie listy. Okazało się też, że moja skrzynka e-mailowa nie działa zablokowana przez tysiące wiadomości. Listy układały się w kilka grup. Pierwsza to były listy dodające otuchy, pisane albo przez osoby chore, albo ich bliskich. Po tym jak opowiedziałem w telewizji o książce *Oskar i pani Róża*, dostałem niesamowity list z Warszawy od matki dziecka chorego na raka. W programie wyraziłem jakieś naiwne poglądy o chorych dzieciach. To był piękny, długi i ciepły list. Czytałem go i czytałem, aż doszedłem do końca i dowiedziałem się, że jej synek właśnie umarł na raka. Niezwykły, osobisty list. Był też list od dziewczyny, której matka po agresywnej chemioterapii miesiącami nie chciała wychodzić z domu, i w tamtą niedzielę po raz pierwszy poszły razem na spacer. Albo ktoś odmawiał zgody na operację i nagle zmienił zdanie. Dużo tego typu historii. Nie ma w tym mojej zasługi, ale satysfakcja, jaką sprawiają mi one do dzisiaj, jest nieporównywalna z niczym. Czasami listy były zapisem własnych przeżyć z czasu choroby lub pobytu w szpitalu.

Druga grupa to były listy od osób, które nie były chore, ale w zadziwiający sposób potrafiły się wczuć w psychikę chorego. Czasem niesamowite, ponieważ ich autorzy darowywali mi przyjaźń, ot tak, nie wiedząc, czy ją przyjmę, czy nie. Były to listy bezinteresowne, prosto napisane, bez kombinacji, zastanawiania się, czy tak wypada... Kolejną grupę stanowiły listy z przeprosinami od osób, które posądzały mnie o efekciarstwo z tą łysiną. Następną stanowili ludzie proponujący mi wyleczenie za pomocą cudownych środków. Nie bardzo wiedziałem, co mam z tym zrobić, bo listy często były pisane ze szlachetnych pobudek. Ale była też duża grupa szamanów nie ukrywających specjalnie, że chodzi o to, iż w telewizji pewnie doskonale zarabiam, w związku z czym oni za drobną opłatą podejmą się kuracji... Wśród recept na pokonanie choroby vilcacora, czyli cudowne zioła ściągane chyba z Peru, była zdecydowanie na miejscu pierwszym.

Ale o tych ostatnich głosach wspominam tylko dla statystycznego porządku. W pamięci pozostaje niesamowite wrażenie ogromu ludzkiego współczucia i bezinteresownej solidarności. Chce się żyć, kiedy świat odsłania takie oblicze.

Profesor Bogusław Maciejewski, dyrektor Centrum Onkologii Instytutu im. Marii Skłodowskiej-Curie w Gliwicach

Słowo „rak" jest nieścisłym, obiegowym pojęciem. Rak to tylko jeden z typów nowotworu. Słowo to jest jednak tak obrazowe i „agresywne" w swoim wyrazie, że potocznie funkcjonuje jako określenie wszelkich nowotworów. Ich różnorodność może nas przerażać. Sklasyfikowaliśmy je i poukładali w tabelach, według których powinno się aplikować terapie. Nowotwory nie dają się jednak zamknąć w sztywnych klasyfikacjach. Bez przesady możemy powiedzieć, że każdy przypadek tej choroby jest inny. W zasadzie tyle jest typów nowotworów, ilu jest ludzi, którzy przychodzą z tą chorobą.

Najogólniej można by opisać raka jako komórkową rebelię. W naszym organizmie istnieją zastępy wyspecjalizowanych strażników, którzy dbają o jego harmonijne funkcjonowanie. Kiedy zatniemy się przy goleniu, uruchamiają się systemy, które powodują przyrost komórek tkanki łącznej. Ale ich przyrost trwa tylko do pewnego momentu, kiedy wyrówna się ubytek. Wtedy system każe im się zatrzymać, a one go słuchają. Tak jest ze zdrowymi komórkami.

W niektórych komórkach dochodzi jednak do zmian w układzie genetycznym, które sprawiają, że przestają one słuchać rozkazów strażników. Niektóre z nich kamuflują się, upodabniając do tkanki, z której się wywodzą. I właśnie z nimi system nie może sobie poradzić. Kiedy ci rebelianci zorganizują się w większą grupę – więcej niż dziesięć tysięcy – zaczynają funkcjonować niezależnie. W normalnych warunkach komórka ma określony czas życia, a następnie się dzieli. Stara komórka umiera, młoda zostaje – na tym polega równowaga w organizmie. W grupie rebeliantów natomiast podział przebiega niezahamowanie w postępie geometrycznym. Komórki dzielą się: jedna – dwie – cztery – osiem – szesnaście – trzydzieści dwa – sześćdziesiąt cztery, a potem tysiące i setki tysięcy. Zaczynają nie tylko przyciągać do siebie naczynia krwionośne żywiciela, ale również tworzyć własne naczynia krwionośne. Komórki, które są w ścianach tych naczyń, dzielą się tysiąckrotnie szybciej niż normalnie. Tworzą gęstą sieć, by zbuntowane komórki mogły pochłaniać z krwi substancje odżywcze. Tak działa nowotwór. Jest państwem w państwie, które rządzi się własnymi prawami. W dodatku ma cechy imperialistyczne i samobójcze. Będzie tak długo wykorzystywał żywiciela, aż ten umrze, a on razem z nim. Unicestwia żywiciela, choć sam też umrze.

Metody, którymi dysponujemy w walce z komórkami nowotworowymi, sprowadzają się do jednego – zabić je wszystkie! Zabijamy je, wycinając lancetem w chirurgii, trujemy toksynami w chemioterapii, napromieniowujemy... Musimy zabić je wszystkie, ponieważ ta grupa, która by ocalała, mnożyłaby się w szaleńczym tempie. Jej niedobitki byłyby jeszcze bardziej agresywne. Jeżeli zostawimy choćby jedną komórkę rakową, może się okazać, że przez pięć lat będzie naśladować normalne zachowania, jakby spała. I nagle, z niewiadomych powodów, obudzi się, powędruje do krwi, a potem do mózgu, płuc albo wątroby, tworząc przerzut. Odbuduje swoją – jeszcze bardziej agresywną – armię. Lekarstwo na raka oznaczałoby więc resocjalizację buntowników. Nakłonienie ich do postaw obywatelskich i lojalności wobec państwa-żywiciela. Nie mamy jednak pojęcia, jak to zrobić, więc pozostaje nam tylko ich zabijanie.

Pacjenci najbardziej boją się operacji nowotworu. Ryzyko w tym wypadku polega głównie na tym, że nieprecyzyjne cięcie, które pominie kawałek nowotworowej tkanki, powoduje jej błyskawiczny rozrost. Rak, który rozwijał się dotąd jak żółw, wystrzeliwuje teraz jak rakieta. Może to brzmieć jak potwierdzenie tezy, że rak boi się noża i nie wolno go operować. Rak nie boi się jednak noża, on po prostu wymaga precyzyjnego cięcia, więc nie toleruje, kiedy zajmują się nim cyrulicy. Jeśli chirurg nie ma pojęcia o onkologii, może być rzeczywiście dla chorego na raka niebezpieczny.

Jak powiedziałem, tyle jest typów nowotworów, ilu jest ludzi, którzy zapadają na tę chorobę. Powiedzmy, że przychodzi pacjentka z rakiem piersi we wczesnym stadium zaawansowania. Wydawałoby się, że ten jednocentymetrowy guzek wystarczy wyciąć i sprawa będzie zamknięta. Zawsze jednak istnieje prawdopodobieństwo, że pacjentka należy do tych kobiet, u których nowotwór jest tak genetycznie zaprogramowany, że będzie dawał przerzuty. Nie wiemy jednak, u których tak jest, a u których nie. U piętnastu kobiet na sto takie ryzyko występuje. Możemy je zmniejszyć za pomocą agresywnej chemioterapii, a potem być może kolejnej operacji, niemal do zera, ale – i to jest pytanie etyczne – czy powinniśmy tym leczeniem i cierpieniem obciążać również owe pozostałe osiemdziesiąt pięć procent pacjentek? Niedawno zespół onkologów z Chicago przeprowadził badania molekularne, które pozwoliły wyselekcjonować zagrożoną grupę. Teraz będziemy wiedzieli, u których pacjentek nie powinniśmy zaczynać od operacji, lecz od intensywnej chemioterapii. Nauka o raku wzbogaciła się o kolejny element – drobny, ale jakże istotny.

Wiedza o nowotworach staje się coraz bardziej złożona, coraz bardziej skomplikowana. Nie ma prostej recepty, nie ma prostego leku. Kiedy w mediach widzę krzyczące tytuły „Wynaleziono lek na raka", to z góry wiem, że to kłamstwo – sensacja medialna wykorzystująca lęk milionów ludzi. To może się odnosić do wąskiej grupy nowotworów, na przykład czerniaka, ale i tak nie wiemy, u których to lekarstwo zadziała, a u których nie.

Najpoważniejszym problemem polskiej onkologii są nasze zaległości w profilaktyce wczesnowykrywalnej. Im wcześniej wykryty nowotwór, tym większa jest szansa jego wyleczenia – to prawda, którą powinniśmy powtarzać nieustannie. Niestety, nie pamięta się o tym, podejmując działania w zakresie organizacji systemu leczenia, niezbyt często zwracają na to uwagę media. O chorobie nowotworowej mówi się incydentalnie, przy okazji akcji rozdawania wstążek i ulotek kobietom, które powinny przyjść na badania mammograficzne. Dla mnie są to sytuacje dwuznaczne moralnie, choć doceniam ich szlachetną motywację. Dlaczego mają być uprzywilejowani ci, którzy szybciej dobiegną do kartki ze skierowaniem, mieszkają bliżej miejsca akcji albo – wreszcie – mają lepsze dojścia i układy? To nie jest pole dla – nawet najszlachetniejszej – prowizorki, tylko dla działań systemowych. Te jednak w moim przekonaniu mogą nastąpić jedynie pod naciskiem mediów. Zbyt wielkie jest żniwo choroby nowotworowej w Polsce, byśmy mogli pozwolić sobie na milczenie.

W jaki sposób dowiedziałeś się o chorobie?

Jechałem właśnie z Katowic do Krakowa. Zadzwonił profesor Ziaja (leczyłem u niego drobny uraz, którego doznałem podczas przygotowań do rajdu). Poprosił, żebym wpadł do niego następnego dnia, ponieważ ma dla mnie istotną informację. Powiedziałem: – Jasne – i odłożyłem słuchawkę. Ale przeleciało mi przez głowę, że to nie jest kwestia czterech szwów zaszytej właśnie na plecach ranki. Nikt się nie umawia z pacjentem w przeddzień Wigilii z powodu tak drobnych spraw. Pomyślałem wtedy, że naprawdę istnieją przeczucia. Wycięto mi banalnego krwiaka, wszystko się udało, ale w tyle głowy odzywał się cichy głos: To jeszcze nie koniec.

Zadzwoniłem do profesora po minucie. Nie mogłem czekać. Chciałem wiedzieć. Kiedy usłyszał, że jadę autem, poprosił, żebym się zatrzymał. Stanąłem pod jakimś wiaduktem. Powiedział, że wyniki nie są w porządku. Użył słowa „histopatologiczne"... Poczułem przypływ obezwładniającego strachu. Mówił dalej, ale od momentu kiedy padły słowa: – Pan jest jeszcze młodym człowiekiem, przestałem go słyszeć. To jest dziwny moment, kiedy nagle wszystko, co wydarza się w naszym życiu, przenosi się w inny wymiar.

Wróciłem otępiały do samochodu i ruszyłem w stronę Krakowa.

Padło słowo „rak"?

Padły słowa „nowotwór złośliwy". Wtedy jeszcze nie wiedziałem, co to znaczy, i nie miałem siły pytać. Nie wiedziałem, że istnieje dwieście rodzajów nowotworów... Kojarzyłem prosto: nowotwór to śmierć.

W Krakowie opowiedziałem o wszystkim przyjacielowi. Urżnęliśmy się oczywiście. Grzańcem galicyjskim...

Pierwszy odruch... Nie myśleć o tym? Uciec?

Nawet nie, raczej poczucie absolutnej obcości świata. Wszystko, co znajome, staje się nieznajome. Nie myślisz, co będzie potem, siła skojarzenia: nowotwór znaczy śmierć, odbiera zdolność logicznego myślenia.

Więc chciałeś szybko powiedzieć o tym bliskim, podzielić się ciężarem?

Czułem potrzebę bycia z ludźmi. Chciałem im wszystko opowiedzieć, ale przecież to jest akurat temat, którym trudno się podzielić. Wiedziałem, że czeka mnie rozmowa z żoną. Marianna – jak się potem okazało – już wiedziała. I to dużo więcej ode mnie. Zostałem do wieczora w Krakowie, odwieźli mnie znajomi, a po powrocie do domu padłem nieprzytomny do łóżka. Obudziłem się w nocy i gapiłem w okno dachowe. Zaczęło do mnie docierać, co się stało. Dopiero wtedy zacząłem się zastanawiać, co dalej. I jakoś – sam nie wiem dlaczego – nie czułem strachu, powiedziałem sobie: Nie dam się! Dzisiaj zdumiewa mnie, że wmówiłem to sobie tak łatwo. Nieważne, co sprawiło takie wewnętrzne sprężenie: odwaga czy wstyd przed strachem, wyobraźnia czy brak wyobraźni. Naprawdę nieważne...

Jeśli potem wracały lęki, to jednak nie bałem się śmierci – choć szanse na to, że wyjdę żywy z choroby, były pół na pół. Trudno, naprawdę trudno, było mi wyobrazić sobie, że umieram. Śmierć jest jednak dość abstrakcyjna. Przerażały mnie raczej jej następstwa. Na przykład to, że oznacza ona koniec kontaktów z synem – to bolało najbardziej. Wydawało mi się, że moi bliscy – Marianna, rodzice – jakoś sobie to wytłumaczą, zracjonalizują, ale potem patrzyłem na Małego i bałem się. Nie potrafiłem zrezygnować z wyobrażeń naszego wspólnego życia, lat, które miały nadejść.

Jaki był twój pierwszy kontakt z onkologiem?

Podczas pierwszych rozmów z profesorem Bogusławem Maciejewskim zostałem przestawiony na myślenie pozytywne: walka z chorobą, skupienie na terapii, żadnego przeżuwania beznadziei, żadnej ucieczki przed prawdą. Uprzedził, że od teraz – przez pół roku, rok, a może i dłużej – spędzimy ze sobą bardzo dużo czasu. Nastaw się raczej na moje towarzystwo niż na jakiekolwiek inne – powiedział. To był jasny przekaz.

Nie wierzę, że tak łatwo ci przyszło to przestawienie.

Oczywiście nie. Nie potrafiłem wyobrazić sobie raka jako czegoś zewnętrznego. Jako obcego, który się we mnie zagnieździł. Lekarze usilnie namawiali, żebym myślał o nowotworze jak o wrogu: Coś w pana wlazło i trzeba to pogonić.

Do momentu, kiedy zacznie się rozmawiać z rozsądnym lekarzem, człowiek jest bezradny i dryfuje: czasem w stronę głębokiej depresji i samobójczych myśli, czasem w stronę głupiego optymizmu, który w skrajnej postaci objawia się w postawie „nie będę się leczył" lub zaprzeczeniu „to nieprawda". Obie te postawy są zarazem przejawem paniki i bezwładu.

Nie wierzę jednak, że można poradzić sobie w pojedynkę. Rozmowa z doświadczonym lekarzem lub psychologiem jest bezcenna. Myślenie o strategii walki pojawia się wraz z pomocą kompetentnych osób, którym zaufasz.

Ja miałem szczęście do lekarzy. Wiem jednak, że często lekarze, a nawet psychologowie są w takich wypadkach nieprzygotowani i bezradni. A nastawienie psychiczne jest przecież nie mniej ważnym niż chemia lub radioterapia elementem leczenia. Profesor Maciejewski powiedział też, że żaden rozsądny onkolog nie powie, że na pewno mnie z tego wyciągnie, ale obydwaj musimy w to wierzyć.

Pamiętasz, jak przekraczałeś granice światów?

Granice światów przekracza się w Gliwicach. W Instytucie. Dokładnie – wchodząc do windy. Na piętrze są poradnie – tam następuje wstępne rozpoznanie. Żeby się dostać na teren szpitala, trzeba wjechać windą na pierwsze piętro. Ta winda jest śluzą między światem normalnym a światem nowotworów. Wznosisz się trzy metry nad parter, otwierają się drzwi i już jesteś w innym świecie: pracownie tomografii komputerowej, rezonansu magnetycznego, USG, rentgeny i poczekalnia, gdzie siedzą ludzie, jakby w oczekiwaniu na wyrok: albo – albo. Albo ci powiedzą, że narośl, którą masz pod skórą, jest niezłośliwa, albo zaczniesz wędrówkę na wyższe piętra. Albo będziesz wyglądał jak ta pani w chustce na głowie, która skrywa łysą czaszkę, albo za chwilę stąd wyjdziesz po kosmetycznym zabiegu. Bardzo cienka jest granica między totalnym nieszczęściem, groźbą rozstania się ze światem, a wyjściem ze śmiesznym kawałkiem papieru w ręce. Wszyscy mają na razie to samo przerażenie na twarzy. Czasem rezygnację. Wchodzi się tam, jakby się wstępowało w morze nieszczęścia. Ludzie siedzą, patrzą przed siebie i widać, że są w decydującym momencie swojego życia.

Oczywiście nie ma tam śmiertelnej ciszy. Wybuchają awantury o miejsce w kolejce. W końcu to jest polska poczekalnia. Natychmiast znajduje się więc mężczyzna, który wszystkim radzi, co mają zrobić, ponieważ sam już to wszystko przeszedł i właściwie jest tu tylko przypadkiem. Jest kobieta, która mówi: Wiem – temu się daje kopertę, a tamtemu wystarczy koniak. Ale to są tylko role. Wszystkich jednoczy poczucie nieszczęścia i jakiejś rezygnacji.

Twój komfort polegał jednak na tym, że nie byłeś anonimowym Janem Kowalskim.

To był komfort i dyskomfort. Tak, nie byłem anonimowy. Cały szpital wiedział, kto leży w pokoju na czwartym piętrze. Ale w momentach trudnych, kiedy możesz tylko chodzić po ścianach z bólu, kiedy chce ci się tylko wymiotować, musisz robić dobrą minę do złej gry. Jedni są ciekawi, jak szybko się rozłożysz, inni szukają otuchy. Tak było szczególnie od momentu, kiedy publicznie przyznałem się do choroby.

Z dzisiejszej perspektywy myślę jednak, że najgorsze to być skazanym na samotność. Nie mieć do kogo otworzyć gęby, wyżalić się, nie czuć zainteresowania. Choć miałem też chwile, kiedy nie znosiłem czyjejś obecności, nawet najbliższych, ale wybaczali mi. Bez nich pewnie bym oszalał.

Jestem klasycznym przykładem mężczyzny, który do końca udaje przed światem, że nic mu nie jest, który nie włoży w dzień pidżamy, tylko będzie leżał na łóżku w dżinsach, bo przecież – niech widzą – jest w szpitalu tylko na chwilę i przez przypadek. Na parkingu stał mój samochód – tak dla podtrzymania tej iluzji. Że niby w każdej chwili mogę odjechać. Jazdy zakazał mi profesor, ale miałem swoje sposoby, żeby zmylić panią, która informowała Maciejewskiego o moich próbach poprawienia sobie samopoczucia za kółkiem.

Profesor powiedział ci wszystko?

To jest sztuka: powiedzieć tyle, ile trzeba. Ani za dużo, ani za mało. Stopniował wiedzę. Najpierw mówił, że będzie ciężko. Jak już było ciężko, to dodawał, że będzie jeszcze ciężej. I tak dalej, wydawało się, że bez końca.

Pierwsze słowa dotyczące mojego stanu były jednak krzepiące: – Wróciliśmy z dalekiej podróży – powiedział. Pomyślałem, że może jestem zdrowy (każdy liczy na cud i one rzeczywiście w onkologii się zdarzają), ale znaczyło to tyle, że kość jest nienaruszona przez raka. Później zrozumiałem, że to faktycznie znaczyło wiele. Mój rak był jednym z bardziej wrednych, ponieważ atakuje i tkanki miękkie, i kości. Jeżeli zaatakuje tkanki miękkie, to można go wyciąć, jak włazi w kość, to zaczyna się kłopot: trzeba go odrąbać.

Profesor Bogusław Maciejewski

Chory z nowotworem ma prawo do strachu. W relacji z lekarzem powinna pojawić się nadzieja. Ona jest pierwszym przyczółkiem budowania siły, chęci walki, determinacji. Lekarz jest w tym momencie jedynie pożywką nadziei, która nadaje terapii sens.

Pacjent oczekuje od onkologa, żeby mu powiedział: Tak, zostanie pan wyleczony. I nie chce usłyszeć: Nie mogę dać panu gwarancji. Nawet jeśli sam mówi: Wiem, że mam raka, i jestem przygotowany na najgorsze, proszę mi powiedzieć prawdę, to jego oczy mówią co innego: Powiedz mi taką prawdę, jaką sam chcę usłyszeć. Daj mi nadzieję.

Naprzeciwko siedzi osoba w białym fartuchu, który już w samej swojej symbolice odgradza dwie strony dialogu. Pacjent bardzo często boi się zapytać o coś, czego nie rozumie. Często też i lekarz jest niedoświadczony i mówi do niego tylko językiem fachowym. Powstaje z tego sprzężenie zwrotne, bariera, której żaden z nich nie potrafi przeskoczyć. Człowiek po drugiej stronie mówi, że jest szansa, jakieś prawdopodobieństwo zwycięstwa, po czym – jeśli jest uczciwy – dodaje zastrzeżenia związane z ryzykiem powikłań. Pacjent staje przed alternatywą: albo przyjmie tę prawdę, albo ją odrzuci. Odrzucenie oznacza często wybór medycyny niekonwencjonalnej, która mówi bez wahań: Ja pana wyleczę. Mówi to bez wahań, ale i bez odpowiedzialności.

W onkologii związek chorego z lekarzem ma w sobie element jakiejś metafizyki. Z jednej strony chory chciałby w nas widzieć partnera, osobę, która jest po jego stronie – rozumie, współczuje, jest godna zaufania. Lekarz w takiej sytuacji jest osobą, której może powiedzieć wszystko, czasem nawet więcej niż w konfesjonale. A z drugiej strony chory chciałby w nas widzieć – i widzi – zimnego, otulonego białym płaszczem arbitra, który feruje wyroki. I my, lekarze, nie mamy możliwości ucieczki od tego dyktatu. Dlatego układ sił w tej parze jest nierówny. Chory jest podrzędny w stosunku do tego, któremu – z drugiej strony – tak bardzo chce zaufać, przeciągnąć na swoją stronę.

Jednak onkolog, który zbytnio wczuwa się w położenie pacjenta, chce maksymalnie złagodzić przebieg leczenia, może jednocześnie zrobić mu krzywdę. Łagodne leczenie jest bowiem słabym leczeniem – na tym polega problem. Żeby go zażegnać, trzeba przejść długą drogę: obserwować ludzi, uczyć się ich zachowań, być wrażliwym na to, co mówią ich twarze, gesty, zachowania... Z tego możemy dowiedzieć się rzeczy nie mniej dla leczenia istotnych niż to, co można wyczytać z kartek papieru zapisanych wynikami badań diagnostycznych. Wtedy możemy dopiero znaleźć sposób, by pacjenta zmotywować do przejścia przez golgotę, zachęcić do walki, pokazać wartość szansy, czasem bardzo nikłej, niestety.

Jak wytrzebić przekonanie, że rak jest nieuleczalny? Oto nasz największy problem. Przecież to nie lekarze odnoszą sukces wyleczenia, tylko pacjent i jego organizm.

Pacjent myśli, że onkolog to człowiek, który podaje termin śmierci. Mówi: Panu zostały dwa lata życia, panu trzy, a ty pożyjesz miesiąc. Tymczasem nikt tego nie wie. W najbardziej beznadziejnych przypadkach zdarzają się – choć rzadko – przykłady samowyleczenia graniczące z cudem.

Czasem szacujemy szanse wyleczenia pacjenta w procentach: dziewięćdziesiąt procent, pięćdziesiąt procent, pięć procent. Te liczby powinny jednak funkcjonować tylko w zamkniętych pokojach specjalistów, którzy dyskutują między sobą o „przypadkach". I nie powinny wychodzić na zewnątrz. Podobnie nikt nie powinien mówić do pacjenta: Pan jest przypadkiem, który... Choć w walce z nowotworem nie można się wyrzekać chłodnej kalkulacji, to jednocześnie w postępowaniu z pacjentem subiektywizm i uczucie odgrywają istotną rolę. To są dwa przeciwstawne bieguny. Jak przekonać pacjenta, który ma w ustach jedną płomienną ranę, nie może połykać, nie może jeść, że musi jeszcze tydzień wytrzymać? Wiem przecież, że wprowadzam go w kolejną odsłonę cierpienia. Pogłębiam je. Nie mogę mu oferować w zamian liczb określających prawdopodobieństwo. Pięć procent szans znaczy przecież, że pięciu pacjentów na stu zostałoby w tym przypadku wyleczonych. Nie mamy pojęcia, czy ten człowiek znajdzie się wśród tej piątki, ale mówimy w ten sposób nie o liczbach, lecz o konkretnym życiu, przeciwstawiając je śmierci i rezygnacji. Nawet jeden procent szans oznacza konkretne życie. Dlatego ostrożnie z liczbami. Wolę powiedzieć po ludzku: Jest nadzieja.

Czy profesor powiedział ci, że miałeś szczęście, bo przypadkiem wykryto u ciebie nowotwór we wczesnym stadium?

Taką świadomość już miałem, nikt nie musiał mi tego mówić. Kontuzja, która mi się przydarzyła podczas rajdu, była rzeczywiście łutem szczęścia. Dzięki temu przypadkiem odkryto nowotwór. Tempo jego przyrostu jest bardzo szybkie, więc wygrałem los na loterii życia. Gdyby go zdiagnozowano pięć miesięcy później, pewnie byśmy dziś ze sobą nie rozmawiali.

Profesor nalegał, by jak najszybciej przeprowadzić operację. Zaczęła się też radioterapia. Jeszcze przed sylwestrem wykonano „maskę", czyli rodzaj odlewu mojego ciała. Ponieważ wiązki naświetlania dawkowane są bardzo precyzyjnie, ciało usztywnia się tak, by je całkowicie unieruchomić. Wykonano dwie maski, ponieważ naświetlano mnie w dwóch pozycjach: przedoperacyjnej i pooperacyjnej. Przykrywają cię taką maską i przykręcają ją do stołu. Wjeżdżasz pod aparat i zaczyna się napromienianie.

Myślałeś, co dalej z pracą w „Wiadomościach"?

Pojechałem na dwa dni do Warszawy, żeby powiedzieć, co się ze mną dzieje. Powiedziałem Sławomirowi Zielińskiemu i Robertowi Kwiatkowskiemu, co mi jest. Obydwaj zachowali się rewelacyjnie. Nie protestowali, kiedy oznajmiłem, że chcę dalej pracować. Kwiatkowski stwierdził, że sam zdecyduję o tym, czy będę się pokazywał na wizji, czy nie. Wiedział sporo o raku i tylko uprzedził mnie, że prędzej czy później będę miał dosyć swojego widoku, ale jeżeli starczy mi sił – mogę dalej pracować. To było bardzo krzepiące.

Nie miałeś pokusy, żeby skonsultować się z innymi lekarzami?

Profesor Maciejewski powiedział mi wyraźnie: – Ilekroć będziesz miał chwilę załamania, niepewności, możesz skonsultować swój przypadek z kimkolwiek zechcesz – z zielarzem, innym chorym, lekarzami, którzy są moimi przyjaciółmi albo wrogami – bez różnicy. Dokumentację choroby możesz zabrać w każdej chwili i pokazywać ją, komu chcesz. Nigdy się o to nie obrażę.

Byłem zdumiony, bo uważałem, że to jest moje święte prawo. Zrozumiałem dużo później, wysłuchując opowieści znajomych o lekarzach alergicznie reagujących na takie pomysły pacjentów (Więc nie ma pan do mnie zaufania? To niech się pan tam leczy, a nie u mnie!), że nie jest to reguła, tylko wyjątek. Zawłaszczanie pacjenta i zazdrość zawodowa są niestety częste. Taka postawa wzmaga jeszcze – i tak przecież ogromny – stres u pacjenta niepewnego swojego losu, zagubionego w chorobie. A pacjent to nie jest przedmiot, nad którym pochyla się uczone konsylium i wymienia uwagi w niezrozumiałym języku, po czym wychodzi, ordynując jakieś tajemne mikstury. Tak więc wartość postawy Maciejewskiego zrozumiałem dopiero dużo później.

Od niego dowiedziałeś się, że nowotwór to choroba, którą się leczy, a nie wyrok.

Pacjent nie potrzebuje takiej suchej definicji. Powinien dojść do niej sam. Nigdy nie złapałem się na tym, że zapomniałem o coś zapytać, nie zdarzyło się, że czegoś mi nie powiedziano... Nie faszerowano mnie też wiedzą, która mogłaby mnie przestraszyć, a i tak byłaby mi nieprzydatna, bo nic bym z niej nie zrozumiał. To raczej moja żona wyciągała z Internetu wszelką wiedzę o nowotworach. Marianna chciała wiedzieć wszystko. A ja dostawałem tyle wiedzy, ile potrzebowałem. Najważniejsze, że mój lekarz był w chorobie partnerem. Niełatwym, bo przeżyłem z nim parę trudnych chwil, nieraz na siebie nakrzyczeliśmy. Dobry lekarz wyczuwa psychikę pacjenta i wie, ile mu dawkować optymizmu, ile realizmu...

A jak wymusić na lekarzu partnerską relację?

Trzeba przekroczyć barierę wstydu i strachu. Wstyd bierze się z wyobrażeń, że nie o wszystko nam wypada lekarza pytać, bo jest bardzo zajętym człowiekiem, w dodatku wtajemniczonym w kwestie, o których można mówić tylko po łacinie. Więc boimy się pytać, bo może nasze pytanie jest głupie, a może uważamy, że nie powinniśmy zabierać lekarzowi czasu, bo ma wtedy coś ważniejszego do zrobienia. A przecież lekarz to człowiek, który ma nam pomóc, uważamy – i mocno w to wierzę – że znakomita większość lekarzy ma właśnie takie podejście.

Jednak do rozmowy z lekarzem należy się przygotować. Jestem przekonany, że lekarz, widząc współpracującego z nim pacjenta, zapomina o podłym humorze, przepracowaniu, zniechęceniu systemem, który płaci mu grosze za ciężką pracę. Takie mam trochę judymowskie wyobrażenie o lekarzach…

Pacjent nie chce być anonimowy, to jasne. Należy jednak zadać pytanie: Ilu nieanonimowych pacjentów może mieć naraz jeden lekarz?

Akurat w onkologii bardzo wielu. Tutaj leczy się ludzi długo. Przez wiele miesięcy… Nawet jeśli klinika w Gliwicach jest gigantycznym kombinatem, który leczy tysiące ludzi, z czego sześćset osób jest hospitalizowanych, to jednak hospitalizacja trwa sześć miesięcy, na siedmiu piętrach, w czterech czy pięciu klinikach, z których każda ma oddziały… Obserwowałem to na własne oczy: w tym potężnym gmachu siostry znały wszystkich pacjentów z imienia i nazwiska. Ciągle słyszałem: panie Kaziu, panie Heniu, panie Kowalski... To jest najlepszy dowód, że na oddziałach onkologicznych personel nie musi podchodzić do łóżka i czytać kartę choroby, żeby zobaczyć, jakie jest nazwisko pacjenta i jaki ma problem. Problemem jest raczej to, czy my się „oddajemy" lekarzom. Byłem przerażony widokiem ludzi, którzy tygodniami siedzieli osłupiali na szpitalnych łóżkach i nawet nie reagowali na zachęty sióstr, próby wydobycia ich z kołowrotu czarnych myśli. A trzeba przecież współpracować...

Martwiłeś się, że wielu rzeczy nie będziesz już mógł w życiu zrobić? Dla młodych ludzi, których dotknęła choroba, bywa to powodem depresji. Nie będziesz już strażakiem ani kosmonautą.

Wiedziałem, że w tenisa już raczej nie pogram, ale póki nóg mi nie odcięli, mogę jeszcze jeździć na nartach. Wystarczy, żeby cieszyć się życiem. Nie należę do odklejonych marzycieli, więc to, że odpadły wycieczki w kosmos, niezbyt mi przeszkadzało. Znacznie bardziej doskwierało mi potem na przykład to, że jest lato, a ja nie mogę zanurzyć się w wodzie, bo tam na plecach jest – mówiąc bez eufemizmów – cieknąca dziura, efekt powikłań pooperacyjnych. Ujawniło się całe świństwo, jakie wiąże się z naświetlaniami, które rozbijają wszystko. Struktura mięśnia, która powinna się wiązać, zrastać – poddana promieniowaniu stała się galaretą.

Myślałem, że naświetla się precyzyjnie, niemal punktowo...

Ta punktowość polega przede wszystkim na tym, żeby wiązka kończyła się w stosownym miejscu, żeby nie dotarła do płuca, żebra, żeby się nie ześlizgnęła. Jej głębokość jest modelowana. U mnie pod wpływem promieniowania rana się otworzyła. Uczucie raczej średnie... Łatwiej jest walczyć z czymś, co jest w nas skryte. A tu wyłazi i musisz robić jakieś straszne wygibasy pod prysznicem. Pokazanie przed samym sobą, jak się jest dzielnym, przychodzi znacznie trudniej. Udawać twardziela, kiedy się nie można wykąpać...

Wracając jednak do kwestii kosmonauty: coś jest na rzeczy, ponieważ po czwartej chemii postanowiłem, że będę pilotem... To był czas dobrych życiowych postanowień.

Same naświetlania to jeszcze przyjemność...

... w porównaniu z tym, co się działo potem... Przyjeżdżałem sobie raniutko do Gliwic, przykręcali mnie do tego stołu. Wjeżdżałem na salę, to trwało czterdzieści sekund, wyjeżdżałem, jechałem do domu, o siedemnastej wsiadałem drugi raz w samochód, jechałem na drugie naświetlania i znowu wracałem do domu. Taki miałem rytm przez siedem dni. A potem się zaczęły przygotowania do operacji. Kilka dni leżenia, badania, obserwacja, wypytywanie... No i wreszcie dzień zabiegu. Noc spokojna i przespana dzięki tabletkom. Przebudzenie, ranek, wizyta profesora, jakaś rozmowa, sam nie pamiętam o czym, rzucone od drzwi: do zobaczenia, uczucie jak przed wielkim życiowym egzaminem. Wtedy się zorientowałem, jak niewinnym zabiegom poddawany byłem do tej pory. Operowano wielkie pole, wycięto kawał mięśnia. Po przebudzeniu, na sali, jeszcze zgrywałem chojraka i dowcipkowałem z paniami pielęgniarkami: cha, cha i chi, chi, ale bezboleśnie było! Potem przestały działać środki uśmierzające i zrobiło się szpetnie. Leżałem w jednej pozycji, każdy ruch sprawiał ból... Wreszcie przyszła pani od rehabilitacji. Zawsze myślałem, że rehabilitację robi się z pacjentem wyleczonym, a tu każą mi się ruszać pięć dni po operacji. Żarty jakieś... Na to pani Iwonka odpowiada prosto: – Jeszcze tydzień poleży pan bez ćwiczeń i w ogóle nie będzie pan ruszał ręką. I to było bardzo dobre. Dostałem kopa: Nie będziesz tu udawał strasznie chorego. Zrobiliśmy, co do nas należało, teraz ty powalcz.

Lekarze twierdzą, że to „powalcz" ma podstawowe znaczenie w leczeniu.

Zaprogramowanie na zwycięstwo w tej walce sprawia, że masz wpływ na to, co się dzieje. Bez tego jesteśmy bezwolni. Zakładamy wtedy, że jest jakaś rzeczywistość niezależna od nas, na którą nie mamy żadnego wpływu. To odbiera ludziom nadzieję na wygraną. No, przynajmniej część nadziei. Nawet jeśli tak jest, nie wolno ludziom o tym mówić. To jest wojna, a na wojnie raz się wygrywa, raz się przegrywa. Ale każdy, ruszając do boju, musi zakładać, że jednak wygra.

Jednak wielu chorych na nowotwór sądzi, że są z góry na przegranej pozycji.

Szansie na wyleczenie trzeba pomóc. Być pokornym, spełnić kilka warunków, trochę liczyć na szczęście i bardzo chcieć wygrać. Usłyszałem parę razy od profesora słowa: – Ty z tego wyjdziesz. Ale padały one w momentach, kiedy coś się we mnie załamywało, kiedy udręka chemioterapią wytrącała mnie z formy. Podstawowa zasada leczenia mówi, że każdy człowiek potrzebuje innego, indywidualnego podejścia. Pani Kowalska potrzebowałaby minimum informacji, pan Nowak potrzebowałby nieustannego zapewniania, że wszystko będzie dobrze i że z tego wyjdzie. A jeszcze ktoś inny potrzebowałby powiedzenia: Jesteś twarzą w twarz ze śmiercią, coś z tym musisz zrobić. I tylko to będzie go mobilizowało. Nie ma jednej recepty na wolę walki.

Kiedy siada psychika, nowotwór ma większe szanse?

Jestem o tym przekonany, choć w tej materii onkolodzy ciągle się spierają. Uważam, że stres – rozmaicie pojmowany – jest jednym z bardzo istotnych czynników w chorobie nowotworowej (profesor Maciejewski jest akurat innego zdania). Być może sam jestem jakimś dowodem na prawdziwość tej tezy: żadnego dziedzicznego obciążenia, nikogo w rodzinie, kto by na nowotwór zmarł. Pierwszy od wielu pokoleń facet, którego nagle ni stąd, ni zowąd dopadło.

Pytałeś sam siebie: Czemu mnie się to przytrafiło?

Nie wolno się nad tym zastanawiać. Szkoda energii. Może mi nawet przeleciało z tyłu głowy takie pytanie... Ale to jest ucieczka w iluzoryczny problem i na pewno nie pomaga w przetrwaniu atrakcji, które aplikują w szpitalu.

Nie miałeś pokusy, żeby pójść w leczeniu na skróty, skorzystać z cudownych środków medycyny naturalnej?

Ani przez chwilę nie miałem. Do tego potrzeba raczej głębokiej wiary. Pacjenci korzystający z cudownych mikstur albo usług bioenergoteraupeuty akurat nie potrzebują naukowych dowodów na skuteczność leczenia. We mnie takiej wiary w ogóle nie było, a raczej jej nie potrzebowałem. Być może miał na to wpływ profesor, który zdążył mnie zarazić wiarą we współczesną medycynę, a nie w zielarzy... Choć zawsze pozostawiał mi wybór – wspomóc leczenie czymś niekonwencjonalnym czy pozostać przy klasyce. Ale pamiętam też, że dał mi już na początku telefon energoterapeuty, który zajmował się również psychologią chorych na nowotwory i wyciągnął kilku pacjentów z ciężkiego stanu.

Mam jego wizytówkę do dziś. Jednak nigdy nie pomyślałem poważnie, żeby do niego zadzwonić. Nie

ma w tym lekceważenia. Po prostu nie czułem potrzeby, ponieważ zaufałem metodom leczenia zapro-
ponowanym przez mojego lekarza.

*Czy lekarze nie przestrzegali cię przed tymi niekonwen-
cjonalnymi metodami?*

Opowiadali, co się dzieje z ludźmi, którzy bez konsultacji z lekarzami przyjmują rozmaite specyfiki.
Lekarze nie mówili, że nie wolno ich przyjmować,
tylko że nie wolno tego przed nimi ukrywać.

*Dlaczego tak groźne jest zatajanie przed lekarzami, że
prowadzi się równocześnie kurację metodami niekonwen-
cjonalnymi?*

Znam przypadek chłopaka, któremu trzeba było amputować nogę w związku z agresywnym nowotworem.
Potem nastąpiła faza leczenia chemią. Po jakimś czasie zaczął gasnąć w oczach, miał dramatycznie złe
wyniki badań. Lekarze wiedzieli, że to nie może być
skutek chemii, ale nie potrafili rozpoznać przyczyny.
Rodzice zaprzeczali jednak, by mu podawali cokol-
wiek bez konsultacji. Dopiero po kilku dniach pona-
wiania pytań przyznali, że w tajemnicy przynosili
chłopcu do szpitala specyfiki przygotowywane na
bazie ziół. Chłopaka nie dało się już odratować, zmarł
po dwóch tygodniach. Zioła podawane osobno nie
dałyby pewnie złego efektu, jednak skojarzone z chemią zabiły chłopaka. Opowiadał mi o tym docent

Składowski, który zna wiele takich przykładów. Przeważnie środki niekonwencjonalne są dla raka obojętne, dają tylko efekt placebo – podbudowują psychikę, wiara poprawia samopoczucie.

Na szczęście moja świadomość oszczędziła mi takich ciągot.

Docent Krzysztof Składowski, Centrum Onkologii w Gliwicach

Niedawno udało nam się wyprowadzić z choroby pacjentkę z zaawansowanym nowotworem. Kiedy oznajmiłem jej ten sukces, powiedziała: – Eeee tam, panie doktorze, przecież to nie był rak! Zdumiony zapytałem, czemu jej to przyszło do głowy. Odpowiedziała bez namysłu: – Bo gdyby to był rak, toby mnie pan nie wyleczył. Uzmysłowiło mi to, jak głęboko tkwi w ludziach przesąd, że rak oznacza śmierć, a medycyna jest wobec niego bezradna. Zastanawiam się jednak, czemu tak ochoczo pacjenci szukają ratunku poza szpitalem.

Bardzo rzadko zdarza się, że chory z nowotworem od razu idzie do bioenergoterapeuty lub innych niby-lekarzy. Z reguły jego rodzina – albo on sam – miała niedobre doświadczenia ze służbą zdrowia.

Rozpoznaniem choroby nowotworowej nie powinni zajmować się onkolodzy, tylko lekarze pierwszego kontaktu lub lekarze innych specjalności. Nie posiadają oni jednak żadnego rutynowo przyjętego sposobu informowania pacjenta o podejrzeniach dotyczących choroby nowotworowej. Niestety, najczęściej uciekają od tego trudnego zadania, cedując je na onkologa, który znajduje się dopiero na końcu tej ścieżki. Wychodzą – być może słusznie – z założenia, że skoro nie oni będą go leczyć, to nie ma powodu, by mieli wyjawiać prawdę o chorobie czy choćby jakieś podejrzenia. Zanim pacjent trafi do onkologa, zdąży już zebrać sporą kolekcję złych doświadczeń i czuje się zagubiony, zwłaszcza jeżeli ma silne dolegliwości bólowe czy inne, które upośledzają jego komfort życia, nastrajają go pesymistycznie, wywołują bojaźń. Właśnie wtedy próbuje szukać kogoś, kto by wytłumaczył jego sytuację, potraktował podmiotowo, a przede wszystkim dał nadzieję. Do tego świetnie nadają się specjaliści od metod niekonwencjonalnych. Dlaczego? Z jednej prostej przyczyny: oni nie ponoszą żadnej odpowiedzialności, w sensie prawnym i moralnym. W związku z tym łatwo przychodzi im powiedzieć: Na pewno pana wyleczę. Pacjent chce to koniecznie usłyszeć. Oni mówią mu to jednak bez pokrycia, bez realnej kalkulacji szans. Ich działanie jest obliczone na krótką metę. Bo tak naprawdę polega na sprzedawaniu nadziei.

Pacjent od nikogo wcześniej nie może tego usłyszeć. Onkolog długo nie może mu tego powiedzieć, a czasem wręcz nie chce mu powiedzieć całej prawdy, jeśli jest trudna do przyjęcia. To są najczęstsze motywy skłaniające chorych do udania się po poradę do szarlatanów. Pół biedy, jeżeli mamy do czynienia z odpowiedzialnym bioenergoterapeutą, który nie uzależnia swojej terapii od zaprzestania kontaktów ze służbą zdrowia.

Niestety, zdarza się, że chorzy spotykają się z zastrzeżeniem uzdrowiciela, by unikali wszelkiego kontaktu ze służbą zdrowia. Na szczęście są to przypadki skrajne. Większość tego nie odradza i nie w tym tkwi problem.

Prawdziwe zagrożenie polega na tym, że niekonwencjonalne zabiegi i leki są czasem ordynowane bez wiedzy onkologa. Nie ma mowy o jakimkolwiek porozumieniu – listownym czy telefonicznym – które sprzyjałoby wspólnemu myśleniu o dobru pacjenta lub choćby poinformowaniu lekarza: Zgłosił się do mnie X, który jest u pana na leczeniu, i chciałbym uprzedzić, że zaleciłem mu to i to. Taki kontakt nigdy nie istniał i nie istnieje. O ewentualnej alternatywnej kuracji możemy się dowiedzieć tylko od pacjenta. Albo – niestety – w ogóle się nie dowiadujemy. Wtedy przebieg leczenia szpitalnego może przybrać skrajnie niekorzystny obrót. Leki stosowane w medycynie niekonwencjonalnej raczej nie mają samoistnego szkodliwego działania (choć tego nie wiemy na pewno, ponieważ nie przeprowadzono nigdy ich naukowego badania, nie były też poddawane próbom biologicznym). Zdarzało się jednak – zwłaszcza u młodych ludzi, których rodzice decydowali o tym, co ich dzieci mają zażywać i jak się leczyć – że w trakcie naszej terapii dochodziło do nieoczekiwanych skutków ubocznych, do dramatycznego załamania stanu zdrowia pacjentów. Pojawienie się tych powikłań wskutek stosowanego przez nas sposobu leczenia było w praktyce niemożliwe. Zwłaszcza że najczęściej zdarzało się to na początku naszych kuracji. Tymczasem po dokładnym przepytaniu – czasem niemalże przesłuchaniu – pacjentów okazywało się, że otrzymywali potajemnie jakieś ziołowe roztwory zalecane przez znachorów. Są one chemicznie aktywne, mogą działać toksycznie, co w skojarzeniu z chemią szpitalną doprowadza do skumulowania toksyczności, które w skrajnych przypadkach doprowadzało do śmierci pacjenta.

Niestety, wielu pacjentów bierze pokątnie jakieś specyfiki i nie informuje nas o tym. Czasem dzieje się tak, ponieważ zastrzegł to znachor, ale najczęściej ze wstydu czy obawy przed lekarzem. Powtarzam: same w sobie te środki nie powodują niepokojących nas efektów ubocznych. Nie potrafimy jednak przewidzieć, jaki będzie efekt wspólnego działania tych medykamentów i naszego leczenia. Znamy skład chemiczny preparatów podawanych w szpitalu, ale nie znamy składu owych (jest ich bardzo wiele) specyfików ani – tym bardziej – skutków ich wspólnego oddziaływania. Szkół niekonwencjonalnego leczenia jest wiele, niemal każdy znachor tworzy własną recepturę.

Przegrywamy ze znachorami, ponieważ nie potrafimy zagwarantować pacjentom osobistego kontaktu. Powody są różne: brak czasu, bo pacjentów jest dużo, a nasze możliwości są ograniczone, ale przyczyną tego stanu rzeczy jest także odhumanizowanie medycyny. Lekarze onkolodzy niekiedy zapominają, że pacjent, który przychodzi do szpitala po raz pierwszy, nie oczekuje dawki medycznych szczegółów na temat rozpoznania swojej choroby i planów przyszłego leczenia. Jemu przede wszystkim zależy na tym, żeby nie stracić nadziei. Wielokrotnie się o tym przekonałem w rozmowach z moimi byłymi pacjentami. Oni pamiętali z pierwszej, decydującej wizyty tylko te wyrażone w zupełnie niemedycznym języku słowa, że nie jest tak źle, że nie są przegrani... Nic w nich nie zostało z naszych uczonych objaśnień i schematów. Wtedy tego nie słyszeli, nie było im to potrzebne. Stąd biorą się sukcesy różnych magików, którzy sprzedają nadzieję.

Idealny model opieki powinien wyglądać w ten sposób, że każdy pacjent, który wchodzi do budynku szpitala onkologicznego, byłby chwytany za rękę przez kogoś w białym fartuchu i indywidualnie przeprowadzany przez kolejne etapy diagnostyki. Ale to jest niemożliwe do zrealizowania.

Znachorzy już „na wejściu" zdejmują z człowieka stres – do czasu oczywiście, ale początkowo skutecznie. Gdyby lekarze odrzucili odpowiedzialność zapisaną w przysiędze Hipokratesa i przyjęli ten sposób działania, mogliby wszelkim znachorom odebrać chleb, ponieważ dysponują arsenałem leków, które potrafią zlikwidować większość przykrych dolegliwości, z jakimi pacjent pojawia się po raz pierwszy. One nie leczą, ale usuwają przykre objawy. Gdybyśmy jeszcze dorzucili lekką aurę tajemniczości zamiast segregatorów i kartotek, moglibyśmy działać jako znachorzy z wielkim powodzeniem – rynkowym oczywiście, a nie medycznym.

Trudno powiedzieć, ilu jest znachorów onkologów. Część z nich jest oficjalnie stowarzyszona, ale ci nie szkodzą wcale albo szkodzą w niewielkim stopniu. Przede wszystkim nie nakazują swoim pacjentom na wstępie rezygnacji z opieki medycznej. Najgorsi są ci, którzy działają w sposób partyzancki i nieformalny, ci właśnie często chcą pacjentów na wyłączność.

Zresztą również na Zachodzie istnieją prywatne kliniki, które zajmują się paramedycyną czy paraonkologią. Mają one sporą klientelę wśród dobrze sytuowanych obywateli. Najczęściej oczywiście są to ludzie, którym klasyczna onkologia nie jest już w stanie pomóc. Są w sytuacji w zasadzie beznadziejnej, więc idą tam, gdzie można kupić nadzieję i czekać na cud. Trudno im prawo do tego odebrać.

Pamiętam przypadek polskiego mistrza paramedycyny Stanisława Nardellego, który był prawdziwym guru dla zwolenników niekonwencjonalnych metod leczenia. Kiedy jednak sam śmiertelnie zachorował na raka, oddał się pod opiekę specjalistów onkologów i słyszeć nie chciał o leczeniu biopolem.

Kiedy dowiedziałeś się, co to znaczy „chemia"?

Szybko podali mi jej definicję: – Będziemy pana zabijać na tyle wolno, żeby całkiem nie zabić. Chemia to jest trucie, czyli zabijanie komórek. Chodzi o to, żeby te nowotworowe zginęły, ale pacjent przeżył.

Podczas chemioterapii każdemu dobiera się indywidualnie rodzaj trucizny. Ja akurat miałem fatalne doświadczenie, ponieważ dostałem tę najmocniejszą, ale pierwsza chemia zawsze jest jeszcze do wytrzymania. Co prawda były jakieś bóle, ale trwała tylko dwadzieścia godzin, a po jej zakończeniu pożegnałem się z personelem, chwaląc się, jaki jestem niesamowicie odporny. Już wieczorem okazało, że nie tak bardzo... Nie mogłem niczego jeść, rzygałem i tyle. Na zawsze zapamiętam smak i zapach ostatniego posiłku przed podaniem chemii. Przynieśli przydziałowy obiad, który się składał z ryżu zalanego jakimś sosem i kawałka mięsa, a mama przywiozła mi ryż z kurczakiem. Podziękowałem za szpitalny posiłek, zjadłem, co mama przyniosła, i zapomniałem o sprawie. Na krótko, niestety. Do dziś na wspomnienie i widok ryżu i kurczaka reaguję odruchem wymiotnym. Musieli mnie kłaść pod oknem, bo wystarczył lekki powiew od kuchni i wywracało mi wnętrzności. Ten smak utkwił głęboko w organizmie, przechowywany w nieusuwalnej pamięci. W czasie chemii uwrażliwia się powonienie, więc zapachy, które dotąd nie przeszkadzały, nagle stają się nie do zniesienia. To jest dolegliwość najmniej istotna, ale powodująca duży dyskomfort.

Więc po pierwszej chemii dwa dni przecierpiałem i wszystko wróciło do normy. Dopiero po drugiej już się wie, że nie będzie fajnie, a potem jest coraz gorzej.

Ciągle miałeś włosy?

Łudziłem się, że jestem tym jednym na osiemset przypadków, któremu nie wypadają włosy podczas chemii. Skróciłem je tylko na wszelki wypadek. Minęły niestrawności i zaczęło się normalne życie. Na parę dni przed drugą chemią przeczesałem palcami włosy i zobaczyłem, że zostają mi na dłoni. I już wiedziałem, że nie jestem jednym z ośmiuset.

To jest szokujące, ponieważ oznacza widzialny znak choroby?

Większość osób poddanych chemioterapii jest do siebie bardzo podobna. Twarz puchnie, wydymają się wargi, zmniejszają oczy. Ale te włosy... Boże kochany, z jednej strony myślisz o kwestiach fundamentalnych: o dziecku, o tym, czy przeżyjesz, czy rodzina jest zabezpieczona, a tu nagle dobija cię to, że włosy wyłażą! Nie mogłem sobie z tym poradzić, chociaż wiedziałem, że to jest naprawdę najmniej istotna sprawa.

Pewnego dnia obudziłem się i cała poduszka była we włosach. Zadzwoniłem do kolegi – Serba, fryzjera, faceta o bogatym życiorysie; przeszedł wojnę, musiał uciekać z Sarajewa. Nie chciałem iść do normalnego fryzjera, potrzebowałem kogoś, z kim nagadałem się o życiu, kogo znałem blisko. Poprosił, żebym przyszedł do zakładu godzinę przed otwarciem. Siadłem przed lustrem, on zamknął drzwi i ogolił mnie na łyso. Patrzyłem na siebie i dziwne myśli przelatywały mi przez głowę.

Pamiętam, jak kilkanaście dni później szedłem przez Kraków i w lustrze w witrynie sklepu na Grodzkiej mignęła mi wielka biała plama, zawróciłem – to była moja głowa. Ale to nie byłem ja... Miałem nieprzezwyciężalne poczucie obcości.

Jednak pokazałeś się w telewizji...

Zaraz potem było rozdanie Wiktorów. Byłem zupełnie łysy, kiedy wręczałem Wiktora Wojciechowi Kilarowi, nagrywaliśmy to u niego w domu. Od razu się domyślił i w swoim Kilarowym, dyskretnym stylu zapytał: – Ogolił się pan?

Pierwszy raz pokazałem się łysy, ale publicznie się z tego nie tłumaczyłem, więc pojawiły się pytania, co się stało. Mój biedny ojciec musiał wysłuchiwać najgłupszych historii...

I to był powód, żeby powiedzieć publicznie, o co chodzi?

Dzisiaj mogłoby się wydawać, że co tam, niech szemrzą, niech gadają. Wtedy jednak byłem psychicznie rozchwiany i to właśnie przeważyło. Niby błahy powód, ale wtedy decydujący. Zresztą i profesor przekonywał mnie do tego wystąpienia.

Zaczęły się kolejne chemie.

Druga chemia to już była ostrzejsza jazda. Najpierw dają lek osłonowy, żyły są jeszcze w porządku, można się wkłuć w miarę normalnie. Przytransportowali wielką maszynę na kółkach, podłączyli ją do prądu, nacisnęli guzik i zaczęło się we mnie wlewać. Wisi kilka worków, maszyna reguluje kolejność podawania i tempo. Leżysz i patrzysz, jak kapie. Pytałem, czy nie można tego przyspieszyć. Nie można. Trucizna ma zabijać, ale nie zabić.

Znielubiłem tę maszynę od pierwszego wejrzenia. Jak jesteś do takiego potwora podpięty przez trzy doby z rzędu, wleczesz go za sobą do toalety, czuwa przy twoim łóżku nocami – możesz go znienawidzić. Zaczynasz mieć do tego stosunek osobisty, emocjonalny. W końcu zrobiłem SMS-ową sondę, pytając, jakie imię nadać mojemu przykremu towarzyszowi. Wygrała propozycja kolegi, znanego w towarzystwie z niechęci do Niemców: – Nazwij go Hans – odpisał. I tak zostało.

Podczas chemii czujesz, jak słabniesz z godziny na godzinę. Do tego dochodzi świadomość, że to jest wojna, jej pierwszy decydujący moment: przełamiesz się czy poddasz.

Coraz więcej rzeczy zaczyna ci przeszkadzać. I ból. Inny niż wszystkie, które znamy. Jest w całym ciele. Pamiętam, że Krystyna Kofta pisała, jak bolały ją końcówki włosów. Leżysz, nie możesz się ruszyć, Hans dawkuje truciznę, wszystko irytuje, przeszkadza. Masz obrzydliwe uczucie, że coś albo ktoś zaczyna nad tobą dominować. Niewidzialny przeciwnik pokrywa cię szczelnym kokonem. Wtedy naprawdę chce się chodzić po ścianach. Nie wiesz, jak z nim walczyć, z tym cieniem, czujesz absurdalność sytuacji. Leżysz w środku tego wszystkiego i nie wiesz, kim jesteś.

Ważne, co robi wtedy lekarz. Mój profesor w stosownym momencie – bodaj na początku trzeciego dnia – przyniósł mi zestaw wszystkich możliwych gazet, rzucił je na łóżko i zaczął ze mną rozmawiać tak, jakbym tam leżał z powodu wycięcia paznokcia.

Ten ból. On potem narasta?

Jeszcze nie był największy. Profesor mawiał: – Będzie jeszcze gorzej.

A nie mówił: Tak musi być, proszę pana, proszę wy-
trzymać?

Profesor dobrze mnie już znał – to był drugi miesiąc
„znajomości" – więc spodziewał się, że tyle to ja sam
wiem. Skupił się na traktowaniu mnie jak pacjenta,
któremu podają coś zupełnie normalnego. Rodzaj
kroplówki. Jesteśmy w szpitalu, takie są reguły, ani
pan tego nie zmieni, ani ja, najwyżej może się pan
odpiąć i zwiać do domu. To już pańskie ryzyko. Możemy sobie porozmawiać o polityce, o tym, co piszą
w gazetach, albo o tym, że zima trwa strasznie długo,
ale nie rozmawiajmy – tymczasem – o chorobie, bo
na razie nie ma o czym. Nie było to łatwe, bo zaczyna się strasznie tęsknić za azylem, czyli za domem.

I tak to z chemią wygląda: zawsze jest źle, a potem jest jeszcze gorzej.

Chemia skojarzona z naświetlaniem spowodowa-
ła, że pooperacyjne zrosty puściły. Ledwo najgorsze
minęło, ledwie minął ból, a tu rozeszła się rana.

Już się wydawało, że będę miał przerwę i oddech.
Liczyłem, że popracuję. W sobotę i niedzielę miałem
prowadzić „Wiadomości", wtedy jest spokój, na większym luzie przygotowuje się wydania. Nie zdążyłem
jednak, bo mnie zszywali na nowo. I znowu szpital,
i znowu kilka dni z widokiem na dziedziniec Instytutu. Zaraz potem trzeba się było kłaść na trzecią
chemię.

Kłopot z trzecią polega na tym, że już wiesz, co
cię czeka, żadnych złudzeń, że się wywiniesz. Może

być tylko gorzej i czas potrzebny, by dojść do siebie, wydłuża się. Łapiesz się na poczuciu, że tak już będzie zawsze. Wcześniej wmawiasz sobie, że to tymczasowe, ale podczas trzeciej chemii nie ma już takiej pociechy. Miałem wtedy moment kompletnego zjazdu, pewnie każdy go ma. Jest trudny do uniknięcia.

No to co się dzieje podczas czwartej?

Wapnieją żyły i zaczyna się kłopot z wkłuwaniem. Ukłucie igły powoduje straszny ból. Robią się zakrzepy. Opowiadam o tym, by uzmysłowić, że to jest ciągle wycieczka w nieznane. Za każdym razem już się wydaje, że wiesz, co cię czeka, ustawiłeś przeciwnika i chcesz się z nim boksować. Ale to jest walka z cieniem. Zawsze pojawia się nowa „atrakcja".

Wtedy jednak doszedłem do wniosku, że choć jest strasznie, to już czwarta chemia i właściwie mam z górki. Pojawiły się optymistyczne myśli, pojedyncze – ale zawsze. Po raz pierwszy pomyślałem, jak by się tu odkuć na losie. Zarabiam bardzo przyzwoite pieniądze, nie mam specjalnych trosk materialnych, więc może pora, żeby zaszaleć? Wzbraniałem się dotąd przed wzięciem kredytu na zakup samochodu moich marzeń. Teraz przyszło mi do głowy: biorę! Miałem odłożone pieniądze na kupno ziemi w górach i budowę domu – co było moim marzeniem od wczesnej młodości – więc teraz zacząłem jeździć i szukać tego wyśnionego miejsca. I znalazłem kawał łąki i lasu w Wiśle.

Wreszcie też spełniło się marzenie o lataniu. Pojawił się mój przyjaciel, zapakował mnie do auta i zawiózł na lotnisko. Okazało się, że tam już czeka pani Joasia, szefowa szkolenia, i samolot. Polecieliśmy tą wilgą, ja – w wielkich słuchawkach na łysej czaszce – wyglądałem dosyć głupio, ale już wiedziałem, że zaczynam nowy rozdział w życiu. Na piątą chemię poszedłem z podręcznikiem pilotażu.

Profesor Bogusław Maciejewski

Powiedzmy, że pacjent podejmuje ryzyko leczenia. Onkolog musi wtedy wysilić swoją pamięć, szuka przykładów, precedensów, podobnych przypadków, by z tej mozaiki ułożyć prawdopodobnie skuteczną strategię walki. Ale ona zawsze jest tylko prawdopodobnie skuteczna. I znowu pacjent będzie się dopytywał: Kiedy wreszcie usłyszę słowa „na pewno?" Czy kiedy się to skończy, będzie pan coś już wiedział?

Lecz cóż to znaczy „wyleczony"? Istnieją tylko sygnały, które mówią, że pacjent jest bliżej strony zwycięzców i oddala się od strony przegranych. Im dłużej po zakończeniu terapii nie będzie objawów nawrotów, tym większa będzie szansa na wygraną. Będzie bliska pewności po czterech latach w przypadku nowotworów głowy i szyi, ale w przypadku raka piersi trzeba poczekać powyżej dziesięciu lat.

Zwycięstwo nad rakiem zawsze jest warunkowe. Pacjenci powracają tu cyklicznie, by zbadać, czy nie ma nawrotów. Zupełnie inne są oczy pacjenta, który dopiero przyszedł na badania, i te same oczy, kiedy wychodzi z wynikami. Znowu zaczynają świecić.

Pacjent jest skazany na obecność w jego życiu człowieka w białym fartuchu. Musi przychodzić regularnie do kontroli: najpierw po miesiącu, potem po dwóch, wreszcie – po pół roku... Nawet jeżeli pojawi się u lekarza po pięciu latach, to zawsze będzie mu towarzyszył lęk, dopóki nie usłyszy: Wyniki są w porządku. Po wyjściu z gabinetu następuje wtedy uspokojenie. I tak będzie do następnej wizyty. Wtedy lęk znowu powróci.

Zastanawiało mnie, że mam w pamięci wyryte z fotograficzną dokładnością twarze tych chorych, którzy uważani byli z góry za przegranych. Wydawało się, że nie ma dla nich ratunku. Oni podejmowali walkę, która – według wykresów, tabel, klasyfikacji – nie miała prawa się udać. Wtedy właśnie mnie, lekarzowi, pozostawała tylko – i aż – intuicja. Miałem kilkunastu chorych, z którymi musiałem postępować wbrew temu, co uznaje się za normę postępowania w takich przypadkach. Oczywiście nie znaczy to, bym nawoływał do rezygnacji ze standardów, do jakiejś medycznej wolnej amerykanki. To prowadziłoby do nieszczęść. Chcę tylko powiedzieć, że zdarzają się sytuacje, kiedy standardowa wiedza o nowotworach już nie wystarcza i lekarz zostaje sam na sam z pacjentem, zdany na swoją intuicję, wrażliwość i doświadczenie. Może przez ciśnienie tego sam na sam tak dobrze ich wszystkich pamiętam?

Nie sposób przecenić tego, że pojawili się ludzie – jak Kamil albo Marcin Pawłowski – którzy przyznali się publicznie do swojej choroby. Nie tylko przełamali tabu (dotąd chorobę tę otaczała niezrozumiała dla mnie aura wstydliwości), ale też stali się dla pacjentów znakiem nadziei, odczarowali raka, pokazali, że można z nim walczyć z podniesionym czołem. Dlaczego mielibyśmy się raka wstydzić? Przecież choroba tak napiętnowana stygmatem śmierci wyzwala w ludziach solidarność i współczucie. Raczej podziwiajmy tych, którzy z nią walczą.

Wracałeś po chemiach do domu coraz marniejszy. Co myślał twój syn?

Tata na początku powiedział mu, że jestem trochę chory. Był zbyt mały, żeby przekazywać mu prawdę. Miałbym duży kłopot z wytłumaczeniem mu, co to za choroba. Rozumiał jednak, że ojciec musi być leczony, musi znikać od czasu do czasu i do pracy jeździ rzadziej. To było wszystko, co wiedział, nic więcej. Marianna potrafiła zorientować się błyskawicznie, że jestem za słaby, żeby się z nim bawić. Ale i tak było fajnie, częściej odbierałem go z przedszkola, spędzaliśmy razem weekendy, co normalnie było rzadkością. Zły moment przeżyliśmy, kiedy stałem się łysy. Chował się przede mną, po prostu się mnie bał. Gdybym miał wskazać najbardziej dramatyczne momenty choroby, ten byłby jednym z najgorszych. Wołałem go, a on odpowiadał: – Nie mogę być z tobą, mam coś do robienia. Wreszcie przyszedł, przytulił się i powiedział: – Wiesz, tato, muszę się do ciebie przyzwyczaić. Wtedy mnie to dobiło, ale teraz myślę, że zbliżyliśmy się do siebie. Wcześniej bałem się okazywać uczucia mojemu dziecku, miałem syndrom weekendowego ojca. Oczywiście wmawiałem sobie, że za parę lat przestanę pracować w takim trybie i oddam synowi z nawiązką, co do tej pory obaj straciliśmy. Broniłem się przed pełnym zaangażowaniem w miłość ojcowską. Byłem od rozpieszczania, prezentów, ale na pewno nie mogłem być najważniejszą postacią w jego życiu. Dzisiaj to wszystko się zmieniło, choć on sam nie zdaje sobie sprawy z powodów tej odmiany.

Nie pamięta już, że bywało inaczej?

Jakby zapomniał. Nigdy do tego nie wraca i ja też do tego nie chcę wracać. Ale kiedyś pewnie wróci i wtedy porozmawiamy.

Rodzinę dręczyła niepewność?

Miałem wrażenie, że wszyscy – poza moją żoną, która się otrząsnęła i była bardzo dzielna – są bardziej przerażeni ode mnie i miotają się, nie wiedząc, co robić. Przede wszystkim nie wiedzieli, jak mnie traktować: czy teraz wszystko mi wolno, czy też należy mnie traktować normalnie i zrugać, kiedy zaczynam grymasić przy zupie. To drugie jest – przyznam teraz – zdrowym odruchem. Miałem ochotę powiedzieć: traktujcie mnie normalnie, ale wtedy jakoś im tego nie powiedziałem.

Cóż więc mogli zrobić moi rodzice? Mogli patrzeć albo jak syn gaśnie, albo jak wychodzi na prostą. Na szczęście oglądali – przynajmniej na razie – jak wszystko się toczy według tego drugiego scenariusza.

Myślałeś w ogóle, co będzie po szpitalu?

To jest jedna z najlepszych terapii. Im więcej czasu poświęca się na myślenie, co będzie po chorobie, tym głębiej jest się przekonanym, że się z tej choroby wyjdzie. Nie chodzi tylko o autosugestię. To jest czas dany nam, byśmy poukładali na nowo klocki w naszym życiu. To jest dobry czas na postanowienia: zawodowe, życiowe, moralne. Żadne postanowienie nie jest wtedy głupie.

I co, faktycznie tak się wtedy zbilansowałeś?

Na pewno nie tak dokładnie, jak teraz opowiadam, zachęcając innych. Ale – na przykład – zastanawiałem się, jakie miałem życie. Nie była to konfrontacja łajdactw, których dokonałem, z wielkimi czynami, które będą zapisane na moją chwałę. Chodziło raczej o banalne pytanie: czy fajnie było? I wychodziło mi jednoznacznie – że było świetnie. Nie że ja byłem taki kapitalny, tylko że najpierw było fajnie dlatego, że zapewnili mi to rodzice, a potem było fajnie dlatego, że w życiu robiłem rzeczy, które sprawiały mi wielką satysfakcję. Myślałem sobie: Boże, na pięć lat przed wejściem Polski do zjednoczonej Europy w jednym miejscu zebrało się sześciu prezydentów i ja mogłem każdemu z nich zadać pytanie, które mnie dręczyło. Miałem frajdę, że kobiety, które mi się podobały, chciały ze mną spędzać czas i że czasem dostrzegałem w ich oczach jakieś zainteresowanie moją osobą. I wspominałem partie szachów, które mnie – miernemu szachiście – dały poczucie, że nie jestem całkiem mierny. I myślałem, że czas, kiedy studiowałem, był dobrym czasem – nie tylko dlatego, że wiem, jak wygląda gra w brydża do szóstej rano w pokoju 116 w Domu Studenta numer 1 w Katowicach Ligocie. I jeszcze o wielu innych rzeczach myślałem: o żonie, synu... Wyświetlałem je sobie strzępami na ścianie przed łóżkiem. Uspokajał mnie ten film.

Jakie byłyby wyobrażenia ludzi, którzy nie kochają tak swojego życia?

Może wtedy zaczęliby je kochać? Może wtedy sąsiadka z naprzeciwka przestałaby być ponurą obsesją? Nie potrafię odpowiedzieć za innych. Mówimy teraz o bardzo indywidualnych uczuciach, ale jestem przekonany, że – paradoksalnie – to jest moment, w którym można pokochać życie, choć czasem czujemy, że ono z nas ucieka, że ledwie majaczy na dalekim horyzoncie.

Więc choroba weryfikuje nasz świat. Widzisz teraz inaczej, przestroiłeś się?

Powinienem odpowiedzieć, że inaczej. Ale nie ma prostej odpowiedzi. Akurat przeczytałem w „Wyborczej" nieprawdziwy tekst o moich zarobkach i potwornie się wkurzyłem. A zgodnie z mitem dotyczącym choroby powinienem przecież teraz naturalnie odróżniać rzeczy ważne od nieważnych. Powinienem spokojnie dopić kawę, a nie rzucać gazety w kąt. Niby banał, ale charakterystyczny. Z drugiej strony – może z nieco większym dystansem potrafię patrzeć na swoją pracę? A może już przed chorobą miałem ten dystans? Każdy człowiek zatrudniony w telewizji mówi, że potrafi sobie wyobrazić życie bez niej, ale ja potrafiłem wyobrazić je sobie bardzo konkretnie. Dokładnie wiem, co bym wtedy robił – mam rozpisane w głowie od początku do końca trzy projekty. Starałem się pielęgnować swoje światy poza telewizją, wszystkie najważniejsze przyjaźnie.

A w samej pracy? Nie ponosi cię bardziej? Robisz przecież w polityce.

Na pewno mniej we mnie wyrozumiałości. Bardziej nerwowo reaguję na niekompetencję albo głupotę, złośliwość albo lenistwo. Przenosi się to niestety na ludzi, z którymi pracuję. Jestem teraz trudniejszym partnerem niż kiedyś. Może koledzy padają ofiarą swojego dobrego stosunku do mnie podczas choroby. Mieli wtedy dla mnie dużo zrozumienia i tolerowali moje wybuchy. Wiem, że jestem w robocie cholerykiem. Oni mnie ośmielili, a teraz choroba się – teoretycznie przynajmniej – skończyła, a ja dalej jestem śmiały. Ale to jest mniej istotny problem – ludzie, z którymi pracuję, powiedzą mi prosto w oczy: Stary, przestań śpiewać. Mam jednak również mniej wyrozumiałości dla polityków, choć powinienem rozumieć ich głębiej, doszukiwać się jakichś racji w ich działaniach. Tymczasem, kiedy ich słucham, to częściej niż przed chorobą mam szczerą ochotę wstać, podejść możliwie blisko i powiedzieć: Człowieku, przestań opowiadać bzdury, zastanów się nad tym, co mówisz, stuknij się w głowę, przestań bałamucić ludzi, z których podatków żyjesz. Mój system wartości trochę się jednak pozmieniał.

Marianna Durczok – żona Kamila

Czułam się zawsze niespełnionym lekarzem. Bardzo chciałam iść na medycynę i do dziś ta namiętność we mnie została. Jesienią tamtego roku, kiedy zachorował Kamil, razem z Krysią Bochenek prowadziłyśmy w Katowicach akcję „Różowa wstążka", uświadamiającą kobietom zagrożenie rakiem piersi. Wtedy poznałam profesora Maciejewskiego, który był jednym z naszych gości. Powtarzał, że najważniejsza jest „czujność onkologiczna". Twierdził, że z każdym pryszczem należy iść do onkologa, regularnie się prześwietlać i badać. Nie zwalał jednak winy tylko na pacjentów. Uważał, że lekarze pierwszego kontaktu są nieprzygotowani do szybkiego rozpoznawania objawów nowotworowych.

Nasłuchałam się tyle o „czujności onkologicznej", lecz sama – miałam takie poczucie – zawiodłam. Kiedy Kamil pokazał mi swój krwiak, zlekceważyłam go, choć niby byłam taka uświadomiona. Ale wszyscy żyjemy w przekonaniu, że ta czujność powinna dotyczyć innych. Wiedziałam, że choroba może dotknąć każdego. Każdego, ale nie nas, nie w takim momencie życia: młodych, z małym dzieckiem...

Kiedy Kamilowi operowano krwiak, poszłam do szpitala zapytać lekarzy, jak się właściwie ma mój mąż. I wtedy usłyszałam odpowiedź – rzuconą między kanapką z pomidorem a herbatą – że właściwie wszystko jest w porządku, chociaż wygląda to nowotworowo. Więc dopytywałam: – Co to znaczy? – Nic nie mogę pani powiedzieć, a poza tym pani mąż jest zdrowym, silnym człowiekiem – usłyszałam odpowiedź. Taki był koniec rozmowy. Wyszłam w szoku. Złapałam za telefon, zadzwoniłam do znajomych w Instytucie Onkologii. Opisałam im przypadek Kamila, pytałam, czy istnieje nowotwór, który najpierw wygląda jak krwiak, i usłyszałam, że, owszem, istnieje.

Zaczęłam przeczesywać Internet w poszukiwaniu wszelkich informacji. Potem skrzętnie kasowałam hasła z wyszukiwarki, żeby mąż się nie domyślił, czego tam szukam. Tak spędzałam każdą wolną chwilę. Złapałam się na tym, że szukam wyłącznie pozytywnych wiadomości, pocieszających przypadków, nadziei po prostu. Robiłam to w absolutnej tajemnicy. Pamiętam jednak, jak zawstydził mnie profesor Maciejewski, który rzucił mi kiedyś niezobowiązująco pytanie: – Chyba nie jesteś taka głupia i nie grzebiesz w Internecie w poszukiwaniu informacji? Tam jest tyle śmieci.

Rzeczywiście, było dużo śmieci, ale były też rzeczy interesujące. Zrozumiałam, na czym polega chemia, naświetlanie, dowiedziałam się, dlaczego Kamil musi być operowany. Ta wiedza mnie uspokoiła. Gorzej było z literaturą. Może źle szukałam, ale nie znalazłam niczego, co by mi pomogło.

Skutek mojego telefonu do Instytutu Onkologii był taki, że dwa dni później zadzwonił do mnie sam profesor Maciejewski i wyjaśnił, jakie ma podejrzenia. Kamil nie miał o tym jeszcze zielonego pojęcia, ciągle leżał w szpitalu po operacji krwiaka. Nie wiedziałam, jak mu o tym powiedzieć. Ubzdurałam sobie, że Kamil nie będzie chciał się leczyć. Nigdy nie chorował, nienawidził chodzić do lekarzy, więc bałam się, że się nie pogodzi z diagnozą, nie będzie chciał pójść do szpitala, szczególnie że pacjenci źle reagują na słowa Instytut i Gliwice. Kojarzą im się z umieralnią i rakiem. Kiedy poinformował mnie, po powrocie z Krakowa, o nowotworze, zareagowałam spokojnie. Po prostu oswajałam się z tą myślą przez dwa tygodnie, choć nie byłam całkowicie pewna, co ostatecznie wykaże badanie. Wbrew swojej wiedzy miałam przecież nadzieję.

Kamil najpierw zamknął się w sobie, ale pojechał do Gliwic. Oddzwonił do mnie z Instytutu i przemówił radosnym, niemal entuzjastycznym głosem. Zaraz spotkaliśmy się w knajpie. Był zupełnie odmieniony. W pierwszym momencie pomyślałam nawet, że w Gliwicach niespodziewanie powiedzieli mu, że wszystko jest w porządku. Uspokajał mnie, trzymał za rękę. Byłam zdumiona. Tak genialnie podziałała na niego rozmowa z profesorem Maciejewskim. Okazało, że radosną wiadomością było to, że kości i płuca nie są zaatakowane i mamy do czynienia z ogniskiem pierwotnym.

Od momentu, kiedy się dowiedział, był bardzo silny. Im gorzej było – tym silniejszy. Pamiętam, jak w nocy rozeszły się szwy pooperacyjne. Weszłam do łazienki i wszystko było zalane krwią. Zobaczyłam wielką dziurę w jego plecach. Wtedy się niesamowicie sprężał. Miał jednak momenty odreagowania i stawał się obcy, zły i wściekły na otoczenie. Wtedy właśnie czujesz się w matni bez wyjścia, chcesz zareagować normalnie, czyli wygarnąć, co myślisz i czujesz, ale wiesz również, że nie wolno tego robić, bo człowiek w jego stanie ma inne prawa. Czasem trudne do zaakceptowania, ale niezbywalne.

Choroba nie buduje bariery obcości, to jest bardziej skomplikowane, bo ona jednocześnie zbliża i oddala. Widzisz cierpienie najbliższej osoby, to, jak przechyla się w stronę rzeczy ostatecznych, i choć chcesz tam pójść razem z nią, trzymając się za ręce, czujesz zarazem, że się wymyka. Robisz wielki wysiłek, żeby się wczuć, odebrać trochę ciężaru, ale to przecież niemożliwe. Jesteś i coraz bliżej, i coraz dalej jednocześnie. Ból zostaje odreagowany na najbliższych i musimy się z tym pogodzić. Wychodziłam wtedy do kuchni i po prostu płakałam, nie mogąc rozładować emocji. Zagryzałam wargi, ale wiedziałam, że nie mogę odpowiedzieć tym samym.

Na Zachodzie leczą pacjentów według tabelek. Każdy przypadek jest opisany, ma swoją kwalifikację, z której wynika schemat leczenia. Maciejewski twierdzi natomiast, że każdy rak wymaga osobnego podejścia. Niedawno poznałam przypadek kobiety z rakiem jajnika. Sposób leczenia powinien być więc w tym przypadku oczywisty. Profesor zauważył jednak, że ten rak sieje się tak samo jak u mężczyzny z rakiem prostaty i należy go naświetlać w taki właśnie sposób. Każdy rak jest inny i każdy człowiek chorujący na raka jest inny, więc nie ma ogólnych przepisów na zachowanie rodziny w takiej sytuacji. Trudno też przewidzieć, jak owa bliska osoba zachowa się w chorobie. Jak Kamil, o którym myślałam, że będzie uciekał przed lekarzami, a wszystko potoczyło się zupełnie inaczej.

Profesor Maciejewski jest na szczęście znakomitym psychologiem. Powoli i z umiarem dawkował Kamilowi wiedzę o tym, co go czeka podczas terapii. Pamiętam, że po pierwszej wizycie Kamil powiedział, że zrobią operację, będą go naświetlać i tyle. Więc zapytałam Kamila: – Czy chemia też będzie? – Nie, profesor powiedział, że czekają mnie tylko cztery serie zastrzyków. Nie wszystko zostało przed nim odkryte od razu. Ja akurat rozumiałam, co owe „zastrzyki" znaczą, ale profesor wiedział lepiej ode mnie, jak dawkować Kamilowi niezbędne informacje.

Kamil intuicyjnie wybrał metodę chorowania. Interesowało go tylko, czy jest dobrze, czy źle. Szczegóły nie były istotne, słusznie uznał, że nie musi wiedzieć dokładnie, co to za rodzaj nowotworu. Cóż by mu pomogło, gdyby się dowiedział, że ten akurat rokuje niewielką szansę wyleczenia? Był zaprogramowany na zaufanie.

Największy lęk przeżywałam, kiedy myślałam o dziecku. Jak je wtajemniczyć w śmierć? Jak je wtajemniczyć w śmierć najbliższego mu człowieka? Właśnie zmarła na raka dziewczyna, która urodziła dziecko, będąc już chorą, zostawiła czwórkę dzieci. W tym chłopczyka, który ma trzy lata. Zawoziłam im rowerki, z których wyrastał nasz mały. Ścisnęło mi gardło, kiedy ich babcia powiedziała, że ten chłopczyk do dzisiaj nie może jej śmierci zrozumieć. Ma taką skarbonkę, do której każe wszystkim wrzucać pieniądze, żeby zaoszczędzić na samolot do nieba i przywieźć mamę z powrotem. Bo co ten Bóg sobie myśli, że tak długo jej stamtąd nie wypuszcza? Jak pomóc dziecku, któremu odszedł ktoś bliski?

Wiem, że wygrana z nowotworem jest warunkowa. Powoduje to straszny stres. I dziwne poczucie ostrożności – nie potrafię teraz podejmować ważnych decyzji, jakbym się bała tego, co mnie w tym życiu czeka. Racjonalnie wiem, że to głupota, ale nowotwór koduje w nas jakąś niepewność jutra, trudno usuwalną.

Kiedyś uczyłam się – z miernym, jak się okazało, skutkiem – czujności onkologicznej. Teraz mam histerię onkologiczną. Po chorobie Kamila zaczęłam dostrzegać społeczną skalę jej występowania, jakbym odkryła epidemię, której wcześniej nie dostrzegałam. Nie wiem, jak to wygląda w statystykach, ale obserwuję, jak chorują moi znajomi. Dopada mnie strach, choć niektórzy spośród bliskich mi ludzi mówią, że po przypadkach Kamila i Krystyny Kofty przestali się bać raka. We mnie nie ma – i chyba nigdy już nie będzie – tego spokoju. Lekarze twierdzą, że mam do tego prawo, bo rak w rodzinie to trauma, z której trudno wyjść.

Mam wrażenie, że ludzie aż tak boją się raka, iż wolą o nim nie wiedzieć, unikają diagnostyki, która mogłaby ocalić ich życie.

Niestety, to jest częsta postawa. Wielu lekarzy opowiada, że taki strach występuje zwłaszcza u kobiet – strach przed porzuceniem na jakiś czas roli matki i żony. Opowiadano mi o przypadkach niezwykle zaawansowanych nowotworów, które we wczesnej fazie były jeszcze do wyleczenia, ale strach i niewiara w terapię powodowały u chorych wyparcie: Nic mi nie jest. A przecież każdy rozsądny człowiek idzie do lekarza, kiedy widzi, że dzieje się coś niedobrego. Rak nie mija, rak zżera i z każdym dniem zwłoki szanse na wygraną maleją. Większość tych kobiet, o których mi opowiadano, była już oczywiście nie do uratowania, umierały miesiąc lub dwa miesiące później.

Powszechnie nie kojarzymy nowotworu z leczeniem, lecz z wyrokiem. Myślimy, że lekarz może nam tylko podać termin – tydzień, miesiąc, rok – domniemanego końca.

To jest świadomość, którą trudno będzie szybko zmienić. Jest zakorzeniona głębiej, niż mogłoby się nam wydawać. Nam – mieszkańcom większych miast, którzy o tym rozmawiają, czytają... Wielu ludzi, którzy wyszli z raka, nie chce o tym mówić, jakby się z tym ukrywali, wstydzili przeżytej męki. Oczywiście, często to był koszmar, ale ważniejsza jest nadzieja, która daje zwycięstwo. Mój – nazwijmy go tak na użytek tej rozmowy – ekshibicjonizm wcale nie wynika z potrzeby obarczania świata opowieścią o własnym cierpieniu. Mam świadomość, że jestem osobą powszechnie znaną i dzięki temu jest szansa, że ktoś w wiosce pod Zawierciem dowie się tego, czego nigdy by nie przeczytał w ulotce uświadamiającej, bo nie ma nawyku czytania ulotek albo im nie wierzy.

Nagle jest facet, który nie miał włosów i ma włosy, był chory – widzieliśmy to przecież – a teraz jest zdrowy. Coś się musi przełamać w świadomości ludzi, choć nie wiedziałem, że z takim trudem. Niedawno kolega z redakcji zadzwonił do pewnej instytucji – całkiem sporej zresztą – przedstawił się jako dziennikarz „Wiadomości" TVP. Na co usłyszał: – Czy Durczok ciągle tam pracuje, ten oszust? Więc pyta: – Czemu oszust? Odpowiedź brzmiała: – On powiedział, że ma raka. Jakby miał raka, toby umarł. Nie mogłem w to uwierzyć, ale dziś już wiem, że w tej historii odbija się cały problem z nieporozumieniem co do tego, czym jest rak.

A przecież ten stereotyp zabija!

Tak, zabija. On zniechęca do chodzenia na badania, na tomografię, mammografię, on to wręcz odradza, każe zostać w domu i czekać na śmierć.

Czy to prawda, że badania za pomocą PET-a dają stuprocentową pewność?

W dniu wykonania badania – tak. Niemal stuprocentową. Ale tylko (i aż!) w dniu wykonania badania. Taką pewność daje głównie PET, czyli aparatura do pożytronowej elektrotomografii, która wykrywa nowotwór na etapie pojedynczej komórki. Dzięki temu osoba po terapii może się dowiedzieć, że nie ma przerzutów.

To dotyczy chorych. Czy PET ma znaczenie również w profilaktyce?

W tej kwestii istnieje spór. Niektórzy onkolodzy twierdzą, że osoba zdrowa nie powinna być poddawana tego typu badaniom. Są dość drogie, a podejrzenie nowotworu można ustalić na podstawie innych wskaźników, choćby badań krwi. To zresztą racja, sam przeszedłem taką historię. Na trzy miesiące przed rozpoznaniem mojego nowotworu aplikowano mi lekarstwo na zupełnie inną dolegliwość. Pani profesor poprosiła mnie o szczegółowe badania. W miarę jak nadsyłałem wyniki, ona prosiła o kolejne. W końcu nadszedł grudzień i musiałem powiedzieć, że więcej wyników nie będzie, bo idę na zabieg. Nie tłumaczyłem jednak, na czym ma polegać. Spotkałem ją znowu w sierpniu, kiedy było po wszystkim, i wtedy profesor powiedziała mi, że nie podobały jej się pewne wskaźniki w mojej krwi. I krok po kroku szukała potwierdzenia swoich podejrzeń. Nim to się stało, ja już wylądowałem na stole operacyjnym.

Wracając do PET-a: oprócz kosztów, ostrożność lekarzy bierze się stąd, że jest to badanie inwazyjne. Do organizmu wpuszcza się kontrast zawierający elementy radioaktywne, nieobojętne dla organizmu. Jeśli jednak ktoś się uprze i zrobi to badanie, to na poziomie bardzo podstawowym – pojedynczej komórki – okaże się, czy nowotwór jest w jego organizmie obecny.

Teraz rozumiem, dlaczego to tak ważne dla osób, które mogą mieć przerzuty.

Komórki nowotworowe są piekielnie żarłoczne. Trzeba je przegłodzić przed badaniem, a następnie podać glukozę, na którą rzucają się łapczywie. Wytwarzają ciepło, a izotop powoduje, że stają się widoczne. To daje stuprocentową pewność wyniku – choć powtarzam – w dniu badania oczywiście.

Lekarze wycinają nowotwór z marginesem bezpieczeństwa, ale istnieje ryzyko, że albo z krwią, albo w trakcie zabiegu chirurgicznego, wskutek czynności czysto manualnych, jego komórki przeniosły się gdzieś bardzo blisko. PET pozwala odnaleźć takie małe ogniska.

Leczenie pierwszego etapu nowotworu, kiedy usuwa się go chirurgicznie, a następnie ewentualnie daje lekkie napromienianie, żeby dobić to świństwo, kosztuje około pięćdziesięciu tysięcy złotych. Kiedy w grę wchodzi już radykalna operacja, naświetlanie przedoperacyjne, pooperacyjne, brachyterapia, chemioterapia, kwoty są daleko wyższe – między sto pięćdziesiąt i dwieście pięćdziesiąt tysięcy złotych. Najdroższa jest opieka paliatywna. Jeśli chodzi stany terminalne, ludzi, którzy nie potrafią już normalnie żyć bez aparatury medycznej – sumy mogą sięgać i pięciuset tysięcy złotych.

Jest jeszcze chirurgia rekonstrukcyjna – u nas ciągle postrzegana jako fanaberia, ale w Stanach Zjednoczonych traktowana jako zwyczajny element leczenia pozwalający pacjentom na powrót do normalnego życia. Otóż duża część nowotworów jest posadowiona w okolicach szyi, twarzy i głowy. Interwencje chirurgiczne powodują niekiedy straszliwe oszpecenia. Podczas zjazdu chirurgów onkologicznych wiosną tego roku w Zakopanem miałem okazję rozmawiać z dwójką Amerykanów, którzy są mistrzami chirurgii rekonstrukcyjnej. Opowiadali o przypadku pacjenta, któremu wyrąbano całą szczękę. A oni z kości piszczelowej, skóry i tkanki mięśniowej – częściowo z nóg, częściowo z pośladków – odtworzyli mu cały fragment twarzy. Patrzyłem na zdjęcie sprzed operacji i po i nie wierzyłem, że to ten sam facet! Operacja kosztowała milion dolarów, koszty pokryło ubezpieczenie. Na pewno gdyby jego nowotwór został wykryty wcześniej, nie byłaby potrzebna tak kosztowna interwencja. To również jest dowód na to, że oszczędzanie na profilaktyce jest pozorne.

W Polsce jest tylko jeden PET w Bydgoszczy...

... w dodatku albo nieczynny, albo rzadko używany, bo NFZ nie chce podpisać kontraktu, twierdząc, że badanie jest za drogie. Podobnych bzdur nie słyszałem... Można oczywiście wykonać takie badanie prywatnie – ale wtedy trzeba zapłacić kilka tysięcy złotych.

Jaka więc profilaktyka jeszcze wchodzi w grę?

W przypadku kobiet od pewnego wieku (wczesnego) badania mammograficzne powinny być przeprowadzane co roku, a później nawet częściej. Po prostu tempo przyrostu raka piersi jest duże. Musimy informować swojego lekarza, że ktoś w rodzinie był chory na nowotwór, ponieważ istnieją skłonności dziedziczenia dolegliwości onkologicznych. Nie wolno lekceważyć banalnego prześwietlenia. Zmiany nowotworowe w płucach „wychodzą" podczas prostego rentgena. Umiejętności czytania zdjęć rentgenowskich są akurat wśród lekarzy w miarę powszechne. Gorzej jest z interpretacją wyników tomografii komputerowej. Oczywiście ten mój wykład brzmi jak pobożne życzenie: ludzie, dbajcie o siebie! Ale nie wolno tego lekceważyć – mimo że brzmi jak banał. Co pół roku powinniśmy przejść przynajmniej proste badania krwi, przynajmniej raz na rok – prześwietlenie klatki piersiowej.

To jest problem pacjentów czy niedouczonych lekarzy również?

Pacjenci muszą dać im szansę. Oczywiście wiem, że liczba godzin poświęconych zajęciom z onkologii w programie nauczania akademickiego jest śladowa. Ale przecież jest jasne, że szansa wykrycia nowotworu jest daleko większa, kiedy pójdziemy do lekarza z wynikami badań, niż kiedy będziemy siedzieć w domu.

Przed wypadkiem też pewnie nie dawałeś lekarzom szansy na jego wykrycie.

Bardzo dobre pytanie. Oczywiście że nie! Byłem zdrowy jak byk, w życiowej formie. Miałem idealną wagę, po raz pierwszy od szesnastu lat. Rano przebiegałem pięć kilometrów, potem wsiadałem na rower i jeszcze przepływałem kilometr w basenie. I tak od piątej do ósmej, a na dziewiątą szedłem do pracy. Byłem z siebie dumny.

Do głowy mi nie przychodziło, żeby robić jakieś badania. Trafiały się okazjonalnie, kiedy potrzebowałem zaświadczenia, pobierano mi krew. Ale prze-

świetlenie? Po cholerę prześwietlenie? Nie pracowałem na etacie, więc nie robiłem badań okre-
sowych.

Między skierowaniem na badania profilaktyczne a sa-
mym badaniem czasem mija półtora miesiąca. To w wy-
padku raka bardzo długo.

W wypadku raka to po prostu dramat, bo półtora
miesiąca może zadecydować, czy ktoś będzie żył,
czy umrze. Ważne jest jednak również, co możemy
zrobić sami. Rada na dziś jest jedna: trzeba wymu-
szać, ile się da, bo gra idzie o nasze życie. Należy
brutalnie żądać prawa dostępu do świadczeń zdro-
wotnych i nie zastanawiać się nad tym, czy są jakieś
limity, czy nie. W tej kwestii musimy być bezwzględ-
nymi egoistami.

Sam jesteś teraz ekspertem od leczenia. Dzwonią do cie-
bie z prośbą o pomoc?

Niedawno zadzwonił znajomy, który prosił o to, żeby
protegować w Gliwicach osobę chorą na nowotwór.
Takich próśb jest mnóstwo, komuś pomagam, komuś
innemu nie, bo wiem, że i tak w Gliwicach ci ludzie
po prostu trafią w dobre ręce i nie będą musieli czekać tygodniami, które mogą decydować o ich przeży-
ciu. Tym razem okazało się jednak, że pacjent trafił
do kliniki w bardzo zaawansowanym stanie, błyskawicznie poszedł na stół operacyjny. Przerzutów już

było całe mnóstwo, wycięto wszystko, co się dało, ale nie wszystko było można. Zaaplikowano mu w końcu chemię paliatywną, tylko tyle można było zrobić. Więc ten kolega prosił mnie, żebym skontaktował go z bioenergoterapeutą. Pomyślałem wtedy, że jedyne, co może zrobić, to zapewnić mu w miarę godne warunki umierania, bo ten ktoś jest na takim etapie choroby, że żadne zabiegi nie zmienią jego sytuacji. Złudzenia każą wierzyć w cud, a prawda jest taka, że tego cudu nie będzie. Jest jakiś dramatyczny wybór między zapewnieniem temu komuś spokojnego umierania i godnej śmierci a próbą ratowania go, która z założenia jest skazana na klęskę. Powiedziałem wtedy, że transport na noszach kogoś, kto jest tak pocięty, ma tyle szwów wewnętrznych i zewnętrznych, oszołomionego najsilniejszymi środkami przeciwbólowymi, jest czymś nieludzkim. Wiem, że to strasznie brzmi, bo powiedzieć komuś, że nie ma sensu próbować ratować bliskiego człowieka, to jakby dokonać moralnej zbrodni.

Nawet nie mam odwagi zadzwonić i zapytać, czy jednak z nim pojadą. Ale – choć niektórym może się to wydać okrutne – powiem, że bardziej humanitarne jest zapewnienie komuś ostatnich chwil w otoczeniu najbliższych, żeby go ktoś trzymał za rękę, żeby mógł odejść otoczony miłością, niż wystawiać go na kolejną – beznadziejną – próbę.

To jest pytanie o moment pogodzenia się ze śmiercią. Czy potrafimy wyznaczyć taką granicę?

Nie sposób jej wyznaczyć, ta granica przebiega w sercu i w rozumie każdego z nas. Nie ma uniwersalnej mapy. Mogę się jedynie modlić, żebym nigdy nie stawał przed koniecznością zmierzenia się z takim problemem.

Profesor Bogusław Maciejewski

Uczelnie medyczne nie uczą wrażliwości – tej czysto ludzkiej. Choć tego pewnie i tak nie można się po prostu nauczyć, to jest raczej kwestia wewnętrznego nastrojenia i sumy doświadczeń. Lekarstwem wspomagającym terapię (jakakolwiek by ona była) jest ciepłe słowo albo dotknięcie ręki. Czasem ich efekt może być stukrotnie lepszy niż skutek zastrzyku. Dotyk może być gestem nadziei. Doświadczyłem tego wielokrotnie. Są kraje, gdzie kontakt lekarza z pacjentem jest spotkaniem dwóch pełnoprawnych osób. Dlatego unikam białego fartucha i używania tytułów. Zgodnie z przysłowiem: ucz się od profesora, a lecz się u lekarza.

W Polsce powoli odkrywamy dopiero to, co gdzie indziej jest oczywistością. Istnieje wielkie zapotrzebowanie w onkologii na ludzi, którzy nie zajmują się samym leczeniem onkologicznym, ale posiadają doświadczenie psychologiczne. Dziś nazwalibyśmy to "rynkowym zapotrzebowaniem" na ludzi, którzy potrafią rozmawiać z pacjentem, docierają do jego bolączek, do jego ciemnej strony, wyprowadzają z otchłani rozpaczy i niepewności.

Mój nauczyciel, długoletni dyrektor tej placówki, miał tak wielkie doświadczenie kliniczne, że bez żadnej mammografii czy tomografii komputerowej potrafił rozróżnić, który guzek w piersi jest rakiem, a który jest łagodnym guzkiem nienowotworowym. Prawie mu się nie zdarzało, żeby się pomylił. Sam mam niekiedy wrażenie, że współczesna wyrafinowana aparatura może nas prowadzić do zguby. Technologia daje ułudę bezpieczeństwa, stępia czujność i wrażliwość na sygnały, które idą wprost od pacjenta, a nie poprzez wykresy i obrazy komputerowe. Rozwinięta technologia sprowadza zawód lekarza do rzemiosła. Kwestionuję to nie z powodów wybujałych ambicji, lecz dlatego, że pacjent nie jest przedmiotem oddanym nam do obróbki. Medycyna jest sztuką, która wymaga często znalezienia właściwych środków poza wszelkimi standardami.

Kogo więc można uważać za dobrego onkologa? Oczywista odpowiedź brzmi: tego, kto odnosi największe sukcesy, ma na koncie największy procent wyleczonych. Ale popatrzmy na to z innej strony. Dobry jest ten, kto potrafi stanąć po stronie pacjenta. Wbrew pozorom nie jest to proste. Weźmy pod uwagę następujący przykład: do onkologa przychodzi młody człowiek z rakiem penisa. Jest to akurat przypadek zaawansowanego nowotworu, który może być jednak wyleczony, jeśli wytnie się jedną trzecią organu. Co zrobi ten chłopak, jeśli usłyszy od lekarza następującą wersję „całej prawdy": Ma pan raka penisa w takim stopniu zaawansowania, że trzeba członek w jednej trzeciej amputować. Czy pan się zgadza? Gwarantuję, że odpowiedź będzie brzmiała: Nie, dziękuję. Niby wszystko odbyło się zgodnie z literą. Co miało być powiedziane, zostało powiedziane. Pacjent się nie zgodził, a więc umrze. Wziąć stronę pacjenta w takim wypadku oznacza próbę wczucia się: Ten nowotwór zagraża pana życiu. Po operacji będzie pan w jakimś stopniu kaleką. Może nie będzie pan normalnie funkcjonował, ale będzie pan żył, a życie ma tyle barw i odmian, w których może się pan spełniać... To, co się panu wydaje pierwszorzędne obecnie, będzie się panu wydawać drugorzędne, kiedy będzie pan umierał z rozsianym nowotworem. Wyobrażam sobie, że po takiej rozmowie pacjent może się zgodzić na to, by ratować jego życie.

Wciąż staję przed tym pytaniem: Gdzie jest prawda? Co powiedzieć człowiekowi, o którym wiem, że ma niemal zerowe szanse przeżycia? Prawda wtrąci go w depresję, bo jak miałby żyć ze świadomością, że zapraszam go na golgotę i nie obiecuję powrotu? Czym jest wtedy kłamstwo? Czy jest to litość? Czy tylko konformizm?

Komponując sposób leczenia Kamila, nie mogłem wiedzieć, czy to na pewno zadziała. Nie byłem i nie jestem przecież jasnowidzem. Nie mogłem mu też powiedzieć, że wykombinowałem coś, czego nie ma w książkach, i nie mam pojęcia, czy to zadziała. Miałby prawo się zdenerwować: – Pan od trzydziestu lat siedzi w zawodzie i nie wie? Jednak półprawdy, które lekarz wypowiada, mogą być usprawiedliwione jedynie przez intencję zmotywowania pacjenta do walki.

Czasami jednak musimy kłamać od początku do końca. Czasami – na przykład – wiemy, że pacjenta nie wyleczymy, bo nowotwór jest tak zaawansowany, że musiałby zdarzyć się cud, by z tego wyszedł, ale walczymy, bo chcemy przedłużyć mu życie i spowodować cofnięcie się objawów. Jeśli jednak przedstawimy mu to jako brutalną prawdę, to może się w ogóle nie zgodzić na leczenie. Bywa też, że nowotwór jest bardzo zaawansowany, ale objawy są nikłe. Pacjent nie odczuwa dolegliwości ogólnych, jest tylko osłabiony. Nic już nie możemy dla niego zrobić, a każda nasza ingerencja może tylko sprawić, że poczuje się gorzej. Efekt leczenia będzie odbierał negatywnie. Przychodzi rodzina z prośbą, którą słyszę bardzo często: Panie doktorze, prosimy, żeby pan zrobił wszystko, co tylko jest możliwe. A potem dodają: Nie chcielibyśmy sobie potem wyrzucać, żeśmy coś zaniedbali. Brzmi to czasem jak deklaracja egocentryzmu, ponieważ w takich momentach to chory powinien być najważniejszy, a nie nasze samopoczucie i komfort psychiczny, w dodatku przyszły. Inne musi być źródło troski.

Ludzkie wybory w takich sytuacjach bywają skrajnie trudne. Znam osobę znakomicie obeznaną z onkologią, której matka miała zaawansowany nowotwór.

Ta osoba nie zgodziła się na żadne zabiegi, uznając przypadek za beznadziejny. Zadbała o środki przeciwbólowe, zapewniła matce najczulszą domową opiekę, by ta mogła odejść w całym majestacie śmierci. Matka umarła spokojnie. Po kilku latach okazało się, że rozpoznano u ojca tej osoby zaawansowanego raka płuc. Namawiałem ją, by jednak zdecydować się na leczenie radiologiczne. Odpowiedziała mi: – Po tym leczeniu będzie miał tylko silne objawy uboczne, a wiesz przecież, że ten nowotwór i tak nie będzie wyleczony. Ktoś by powiedział, że była wyrodną córką. A ja uważam, że była wspaniała, bo zaoszczędziła rodzicom cierpienia. Nie dbała o swój komfort psychiczny, tylko o ich godne umieranie.

Masz poczucie wygranej? Wygranej nie na loterii losu, ale takiej osobistej, autorskiej?

Od tego powinna się zacząć nasza opowieść – od zdania, że do końca życia będę pamiętał moment, kiedy nad ranem, po ostatniej chemii, do mojego pokoju weszła pielęgniarka. Wyciągnęła mi wenflon i odłączyła Hansa. Była 5.12. Będę zawsze pamiętał całą sekwencję jej ruchu, wyciągania igły z tego, dokładnie z tego miejsca. To już było jedyne miejsce, w które się można było wkłuć. Paskudne zresztą, bo nie można położyć ręki w naturalny sposób. Pielęgniarka miała srebrną miskę, do której wrzucała wszystkie zużyte sprzęty: wenflony, worki z chemią, ligninę... O 5.12 w maju było cieplutko, siąpił lekki, wiosenny deszcz, było zielono. Podobno, kiedy ludzie umierają, to im się przed oczami cały film z życia wyświetla. Mnie się wtedy nie wyświetlił film z całego życia, tylko film z całego pobytu w tym szpitalu.

Śmieszne uczucie, dość melodramatyczne... Od czwartej czekałem przebrany, założyłem dżinsy, jak tylko zobaczyłem, że ostatni worek z chemią zaczyna się kończyć. Przypomniałem sobie pierwszą wizytę w Wigilię i śnieg, który mnie tak strasznie denerwował. Za oknem przeleciały dwie pory roku – jak w tanim filmie, żeby widz wiedział, że czas upłynął. Miałem spakowaną torbę, zeskoczyłem z łóżka, odepchnąłem Hansa, otworzyłem drzwi, przeszedłem krótki korytarzyk i powiedziałem: – Siostro, jadę. Ona tylko wrzasnęła: – A pan dokąd? Więc mówię: – Do domu, bo wszystko się skończyło. Widziałem, że patrzy na mnie jak na wariata... Pamiętam, że szedłem w rześkim powietrzu i mówiłem do siebie: Durczok, ależ to tandetne – wciągasz powietrze i upajasz się tą wiosną. O 5.18 – pamiętam rytm tych minut – byłem w samochodzie. Otworzyłem okno i myślałem, że mi ten łysy łeb wywieje. Jechałem sto dziewięćdziesiąt na godzinę pustą szosą – starą „geringówką" – między Zabrzem a Bytomiem. Nie musiałem rozważać, czy wygrałem albo kto wygrał. Pewnie są chwile, których nie wolno nazywać, zamykać w słowach. To właśnie były takie chwile.

O szóstej z minutami byłem w domu. Marianna zrobiła duże oczy, kiedy się obok niej położyłem, ale nawet nie rozmawialiśmy specjalnie. Spróbowałem zasnąć, ale nie wychodziło. Miałem silne poczucie, że już nie chcę tam wrócić. Powróciło – pewnie złudne – poczucie, że panuję nad swoim losem.

Ten stan trwa w tobie?

Nie trwa, niestety. Choć powraca na chwilę... Przy różnych okazjach. Dzisiaj na przykład się pojawił. Byłem właśnie na uroczystości osiemdziesięciolecia szpitala w Piekarach, gdzie też przez długi czas się mną opiekowano. Doktor Koczy przypominał historię tego szpitala i prezentował oddziały, między innymi oddział nowotworów kostnych. Tam leżą ci, którym amputują ręce albo nogi, jak to bywa przy nowotworach kości. Siedziałem na balkonie Opery Śląskiej w Bytomiu, patrzyłem na slajdy, które wyświetlali, i pomyślałem sobie, że wygrałem. Poprzednio miałem takie odczucie, kiedy spotkałem się z chorym kolegą. Powiedział zdanie, które mną wstrząsnęło:
– Wiesz, ja już nie wierzę, że wyzdrowieję. Bardziej zastanawiam się nad tym, ile w życiu zdążę jeszcze ugrać, zanim mnie śmierć dopadnie. Trudno się wtedy obronić przed skrajnym egoizmem – poczuciem ulgi, że jednak moja meta jest dalej.

A może porównywałeś go ze sobą z czasów choroby? Widziałeś w nim siebie?

Być może. Życzyłem mu tego samego co sobie, ale nie mogłem uciec od porównań i tej dwuznacznej ulgi. Nie byliśmy bliskimi przyjaciółmi, ale przez wspólne przeżycia i dwie rozmowy, które brzmiały, jakbyśmy znali się od dziesiątków lat – stał mi się niezwykle bliską osobą. Dzięki niemu zobaczyłem też niepewność mojego zwycięstwa. W chorobie nowotworowej przyjmuje się, że wyleczenie oznacza brak nawrotów po siedmiu latach. Więc to jest warunkowe zwycięstwo.

Na razie jednak cieszę się, że mogę usiąść, napić się, jeżdżę na nartach...

Zwycięstwo nad nowotworem jest jednak warunkowe.

Wierzę, że zostałem skutecznie wyleczony, ale jednocześnie zdaje sobie sprawę, że nie ma sposobu, by całkowicie wyeliminować możliwość nawrotu choroby. Każda wizyta w Instytucie to spotkanie z niepewnością. Sam byłeś świadkiem, kiedy przy okazji mojego okresowego badania odwiedziliśmy profesora Maciejewskiego. Niby rozmawialiśmy z nim normalnie, niby dowcipkowałem... Profesor jednak natychmiast zauważył, że moje oczy nie śmiały się przed badaniem i śmiały się po badaniu. Tego śmiechu starczyło mi do popołudnia, wtedy znowu uświadomiłem sobie prostą prawdę, że za miesiąc znów się tam pojawię ze ściśniętym żołądkiem i – niepewny – będę czekał na wynik.

Między niepewnością oczekiwania na wyniki cyklicznych badań a obezwładniającym strachem, który czułem, czekając na wyniki PET-a, jest jednak przepaść.

Na PET-a poszedłeś rutynowo zaraz po chemii?

Mniej więcej po sześciu miesiącach. Maciejewski widział, że sam się do tego palę, i wypisał skierowanie na badania do Niemiec, bo w Polsce to było wówczas jeszcze niemożliwe. Chodziło o klinikę, która specjalizowała się w nietypowych – jak mój – nowotworach. Pojechałem sam, czując, że każde towarzystwo w tej sytuacji byłoby nieznośnie sztuczne. Piekielnie się bałem. Nigdy nie zapomnę brodatego profesora z doskonale neutralną miną. Wpatrywałem się w niego, najintensywniej, jak tylko mogłem, ale nie potrafiłem niczego – absolutnie niczego – wyczytać z jego twarzy. Siedziałem w poczekalni, otworzyły się drzwi, on szedł w moją stronę z wynikami pod pachą. Szedł i szedł, a ja się w niego wpatrywałem. Zaprasza mnie do gabinetu – ja próbuję go prześwietlić jak rentgen, dalej bez rezultatu. Idziemy, cały czas umieram ze strachu i nie wyczuwam żadnego sygnału... To trwało w nieskończoność: minuty, sekundy. Aż usiedliśmy i słyszę: – *You are clear* – też wypowiedziane neutralnie. Wtedy go chciałem złapać za tę siwą brodę i wycałować, a teraz się zastanawiam, jak ich tego spokoju uczą. Zadzwoniłem do Marianny, która się rozpłakała. I tak popłakaliśmy przez chwilę wspólnie. Potem, gdzieś na autostradzie w okolicach Zgorzelca, pomyślałem sobie: no tak, to cudownie, przyjadę do domu, napiję się wina, ale przecież za dziesięć miesięcy znów powinienem się zbadać. Radość radością, ale trzeba ją znowu zracjonalizować i zgodzić się, że to był cykliczny sprawdzianik. Nic nie poradzimy na emocje. Stres będzie przecież trwałym elementem życia, powracającym rytmicznie, jak cykl badań i odwiedzin w klinice.

Statystycznie przyjmuje się, że jeśli między piątym a siódmym rokiem po terapii nie ma nawrotu, to człowiek jest wyleczony, ale na tym polega statystyka, że nie daje stuprocentowej pewności.

Trudno chyba wyprzeć z pamięci, że taki cień się za sobą wlecze?

Jestem zbyt świeżo po chorobie, żeby rozsądnie odpowiedzieć na to pytanie. Poza tym, jak nie myśleć, skoro wciąż mnie ludzie pytają.

To prawda, że nawrót jest groźniejszy?

Nawrót jest sygnałem, że w pierwszym leczeniu nie do końca sobie poradziliśmy – i lekarze, i ja. Oznacza to, że nowotwór otrzymał tylko dawkę usypiającą. Jest jednak wiele osób, które wychodziły z choroby nawet po trzecim nawrocie. Więc należałoby powiedzieć, że – choć wiem, iż to prawie niewykonalne – trzeba podejść do tego, jakby to był pierwszy raz. Przecież sześćdziesiąt procent Polaków zapadających na nowotwór z niego nie wychodzi, a to znaczy, że ten, kto przeżywa nawrót, jest już w grupie trzydziestu kilku zwycięskich procent. Już udowodnił sobie, że nie podlega prawom statystyki. Trzeba uwierzyć, że za drugim razem będzie tak samo.

A ci, którym w ogóle się nie udało? Czy spotkałeś pacjentów objętych opieką paliatywną?

Nie spotkałem. Oni trafiali gdzie indziej. Tam już nie ma miejsca na leżenie w dżinsach i samochód czekający na parkingu.

Wyobrażasz sobie, jak tam jest?

Chyba nie potrafię. Trudno mi sobie wyobrazić gorszy rodzaj umierania. Ta nieuchronność śmierci poraża – właśnie ona, a nie sama śmierć, bo jak mówiłem, jest dość abstrakcyjna. Jeśli więc ktoś potrafi wtedy nie dać się zmiażdżyć, to znaczy, że jest absolutnym bohaterem. Obawiam się jednak, że takich ludzi nie ma tam zbyt wielu. Tam już obowiązują inne miary, nie takie, o jakich my rozmawiamy.

Nie ma żadnego „potem".

Może ktoś potrafi się uczepić myśli o nadziei, czeka na cud, ale dramat tych ludzi polega na tym, że wiedzą, iż nie ma potem. Samo to, że tam trafiają, jest sygnałem. Ja mogłem leżeć i planować życie, zgrywać mądralę i chojraka, ale moja opowieść nie sięga tamtych pięter kliniki i nijak się ma do ich dramatu.

Mówisz o tej samej chorobie, ale okazuje się, że w jej obszarze jest świat radykalnie inny niż ten, który do tej pory chcieliśmy w naszej rozmowie opisać.

Wiesz, byłem od tego świata o kilkanaście metrów – blisko, bliziutko, ale przecież jeśli o tym myślisz, to tylko na jeden sposób: żeby się tam nie znaleźć. Choć ten świat puka do nas codziennie, nie potrafimy się z nim spotkać. Przyjmuję do wiadomości, że są dwie trzecie, które nowotwór pokona, ale nie przyjmuję do wiadomości, że mogę się w tych dwóch trzecich znaleźć.

Kamil Durczok: Epilog

W piątek wieczorem zadzwonił do mnie Piotr: – Co myślisz o tym, żebyśmy książkę zadedykowali Marcinowi Pawłowskiemu? – zapytał. – Przecież on żyje i walczy – zareagowałem bez sensu. – No właśnie. Żyje i walczy, o tym jest przecież ta historia – cierpliwie tłumaczył Piotr. Nie miałem już wątpliwości, pozostało tylko powiadomienie wydawnictwa o naszej decyzji. W sobotę rano Marcin umarł.

Nie był moim przyjacielem. Poznałem go półtora roku wcześniej. Zadzwoniłem, żeby opowiedzieć o durnym felietonie dotyczącym nas obu, nadanym przez jedną z rozgłośni. Sprawa, jak się później okazało, była już od dłuższego czasu głośna w środowisku, jednak koledzy izolowali mnie od tej informacji. Okazało się, że przyjaciele Marcina oszczędzili jej również i jemu. – Daj mi trochę czasu – poprosił. – Posłucham, co tam było, i zastanowimy się, co robić dalej.

Oddzwonił przed północą. Następnego dnia zanieśliśmy do „Gazety Wyborczej" ogłoszenie z przeprosinami za nasze łyse łby na wizji. Kiedy zostało wydrukowane, umówiliśmy się na wieczorne wino w „Paparazzi". Z każdą minutą rozmowy odkrywałem, jak bardzo takie równoległe przeżywanie choroby zbliża ludzi. Po paru godzinach mieliśmy wrażenie, jakbyśmy znali się od lat. Pojedyncze słowa starczały nam za wielozdaniowe opisy. Nie zapomnę tego wieczoru do końca życia.

Imponowało mi, że potrafił stać obok choroby, patrzeć na nią z dystansem, jak lekko ironiczny obserwator. Dostrzegłem, że to, co nas różniło w jej przeżywaniu, to sposób podejścia do przemijającej chwili. Ja ciągle miałem jakieś plany: w przyszłym tygodniu pojadę tam, za miesiąc muszę zrobić to i to... Marcin potrafił zatrzymać ucieczkę myśli, zatrzymać się i cieszyć tym, co teraz jest. Miałem wrażenie, że bardzo intensywnie przeżywa świat.

Potem długo Marcina nie widziałem. Wymienialiśmy SMS-y, ale nie był człowiekiem, który pozwoliłby sobie na skargi. O nawrocie jego choroby usłyszałem na przełomie roku, krótko po tym, jak moje badanie PET-em wykazało, że na razie nie ma wznowy. Dziś głupio mi się do tego przyznać, ale wówczas w ogóle nie przejąłem się wiadomością, że znów choruje. Po prostu miałem zakodowany obraz Marcina, który się nie poddaje i walczy z taką determinacją, że choroba nie ma z nim szans. Do głowy mi nie przyszło, że może przegrać drugie starcie. Takim go pamiętałem z wieczoru w „Paparazzich": – Będzie dobrze. Będzie bo musi. I już.

Przed świętami Wielkiej Nocy Marcin leżał już w szpitalu w Szwajcarii. Tomek Sianecki, który go odwiedzał, opowiadał, że jak zwykle dowcipkuje i jest w dobrej formie. Tego zresztą można było się spodziewać, bo Marcin miał takie lekko brytyjskie, przewrotne poczucie humoru: błyskotliwe, kąśliwe i zaskakujące. Zarezerwowałem bilet lotniczy, miałem polecieć w Wielki Piątek. Bardzo chciałem się z nim zobaczyć. Dwa dni przed wylotem dostałem wiadomość: „Wygląda na to, że mnie wypuszczą. Zobaczymy się w Polsce". Lepszego prezentu na Święta nie mógł mi zrobić. Spotkaliśmy się kilka tygodni później. Minąłem go w kawiarni i poszedłem w głąb sali poszukać lekko okrągłego, krótko ostrzyżonego Marcina. Zatrzymał mnie znajomy głos. Odwróciłem się. Wiedziałem, że skądś znam tego faceta, ale nie zawracałem, bo szedłem na spotkanie z Marcinem Pawłowskim. Po kilkunastu sekundach dotarło do mnie, że to był on. Bardzo inny. Przez cały wieczór wstydziłem się, że nie potrafiłem powstrzymać zdziwienia i kretyńskiego wyrazu twarzy, kiedy go zobaczyłem, głupich prób zatarcia fatalnego wrażenia, jakie musiałem wywrzeć, mijając go i nie poznając. Ale wtedy też zobaczyłem klasę, jaką prezentował Marcin. Zobaczyłem, jak poukładany jest jego świat. Z czym się pogodził i z czym walczy, co chce w życiu robić, a na co nie ma już ochoty. Jak wyraźnie widzi cel, do którego zmierza, jak dobitnie potrafi powiedzieć, dlaczego córka i żona są dla niego tak ważne. To była zupełnie inna rozmowa niż ta sprzed kilku miesięcy. Już nie piliśmy wina. Marcin sączył herbatę i snuł rozmaite myśli.

Powiedziałem w tej książce, że drugie starcie musi być potężnym wyzwaniem i niewyobrażalną próbą. Mogę sobie tylko wyobrażać, jak reaguje ktoś, kto chce szybko zapomnieć o przebytej chorobie, i dowiaduje się nagle, że ona wróciła. A z nią cały koszmar leczenia – zabiegi, rehabilitacja, chemia, naświetlania, znany ból, który będzie teraz odkrywał swoje nowe, nieznane oblicza. Pierwsza batalia doprowadza do granic wytrzymałości, jak więc daleko przesuwają się jej granice podczas tej drugiej? Jak trudna musi być wtedy wiara, że tym razem się powiedzie? Czy można w to w ogóle wierzyć? Wszystkie te myśli musiały towarzyszyć Marcinowi. A jednak walczył i walczył. Do końca miał poczucie – i pewnie starannie je pielęgnował – że i tym razem da radę. Że nawet jeśli w Europie nie zechcą go leczyć, to na pewno Amerykanie wymyślą jakieś nowe lekarstwo.

Powiedział mi podczas ostatniego spotkania w szpitalu, że zastanawia się, czy powinien był pracować, bo zabolało go kilka opinii na temat jego ostatnich występów w TVN, kiedy wyglądał już bardzo mizernie. Ale przytaknął, kiedy powiedziałem, że jeżeli tylko pomogło mu to w walce z chorobą, to nie powinien się nawet nad tym zastanawiać. Nie wolno ulec, czyniąc z siebie ofiarę kultu piękna, krzepy, zdrowia i bogactwa, który narzucają nam media. Z mojego punktu widzenia najważniejsze było to, że robił dobry dziennik. Pamiętam, jak zadzwonili do mnie dziennikarze jakiegoś kolorowego pisma i wypytywali o współczucie i litość dla Marcina, który występował przed kamerami. Powiedziałem im: popatrzcie na niego przede wszystkim jak na profesjonalnego dziennikarza, spróbujcie zapomnieć na chwilę o raku, oceńcie to, co robi. Czy ten dziennik jest gorszy od wydań, które robią jego koledzy? No nie jest! Jest nawet lepszy i to jest zasadnicza kwestia. Nie dlatego oglądamy „Fakty" z Marcinem, że jest on chory, ale dlatego, że robi to świetnie. To też powtórzyłem Marcinowi. Wyszedłem ze szpitala i nim jeszcze doszedłem do samochodu, otrzymałem SMS: „Dziwne, ale po twoim wyjściu znowu zatęskniłem za telewizją".

Może nie jestem obiektywny, ale dla mnie głosy sprzeciwu – pewnie nieliczne, choć bolesne – i nawet sam efekt terapeutyczny – tak ważny dla Marcina – nie mają tu nic do rzeczy. Jego obecność na ekranie była dla mnie uzasadniona przez profesjonalizm i rangę dziennikarstwa, którą prezentował. Choć rozumiem i domyślam się skali dobra, które rozsiało się po ludziach – chorych czy zdrowych – oglądających jego zmaganie.

Szanowałem również to, że nie był dziennikarzem stadnym – miał nieocenioną w naszym zawodzie świeżość spojrzenia. Dlatego słuchałem go zawsze z zaciekawieniem, oczekując punktu widzenia, który wykracza poza rutynę. I nigdy się nie zawiodłem. Miał ten rzadki dar łączenia luzu, który nie jest nonszalancją, i merytorycznej wiarygodności, dyskretnej i nienarzucającej się.

Trudno byłoby pewnie znaleźć w skłóconym dziennikarskim środowisku osobę, która byłaby tak powszechnie lubiana – to po pierwsze i najważniejsze. Po drugie chorował publicznie i jego walka stała się po części i naszym – widzów – udziałem. Wspaniałe było to, że w TVN pożegnano go w tak intymny i intensywny sposób.

Kiedy go oglądałem w „Faktach", zaczynałem rozumieć, że nie było żadną sztuką występowanie podczas – jak w moim przypadku – cyklów chemii. Jego dotknęła inna skala cierpienia; coś niesamowitego: podnieść się, przemóc, pokonać ból i niemoc, przygotować się, by przez trzydzieści minut na wizji panować nad sytuacją. Nie mam innego słowa niż „bohaterstwo".

Musiał być nieprawdopodobnie silny. Już zawsze będzie mnie boleć, że nie zapytałem go, skąd brał te siły. Ale z drugiej strony wiem, że to byłoby bardzo głupie pytanie, bo zawsze bierzemy je z siebie. Z tego, co jest w nas, z tych, dla których żyjemy. Jak bardzo chcemy zobaczyć choinkę, a potem kolejną wiosnę. Że chcemy żyć. Marcin bardzo chciał.

Powiedział mi też wtedy coś, o czym nie mogę napisać. Powiedział zdanie, którego depozytariuszami są pewnie tylko jego bliscy. Ale jeśli coś mnie upoważnia do opowiedzenia o mojej z nim znajomości, to właśnie słowa, które wtedy usłyszałem. Cześć Marcin. Byłeś dzielnym człowiekiem.

Społeczny Instytut Wydawniczy Znak,
ul. Kościuszki 37, 30-105 Kraków. Wydanie I, 2005.
Druk: Drukarnia Colonel, ul. Dąbrowskiego 16, Kraków.